ZHONGGUO XIANDAI WENXUE JINGDIAN ZUOPIN DAODU
中国现代文学经典作品导读

主　编　褚自刚
副主编　孙　青　程艳芬

河南大学出版社
HENAN UNIVERSITY PRESS
·郑州·

图书在版编目(CIP)数据

中国现代文学经典作品导读 / 褚自刚主编. --郑州：河南大学出版社,2023.2
　　ISBN 978-7-5649-5406-2

Ⅰ.①中… Ⅱ.①褚… Ⅲ.①现代文学－文学欣赏－中国 Ⅳ.①I206.6

中国国家版本馆 CIP 数据核字(2023)第 031844 号

责任编辑　马　静　李源琪
责任校对　白　冰
封面设计　马　龙

出　　版	河南大学出版社	
	地址:郑州市郑东新区商务外环中华大厦 2401 号　　邮编:450046	
	电话:0371-22825015(基础教育分社)　　网址:hupress.henu.edu.cn	
	0371－86059701(营销部)	
排　　版	郑州市今日文教印制有限公司	
印　　刷	广东虎彩云印刷有限公司	
版　　次	2023 年 2 月第 1 版	印　次　2023 年 2 月第 1 次印刷
开　　本	787 mm×1092 mm　1/16	印　张　11.75
字　　数	168 千字	定　价　36.00 元

(本书如有印装质量问题,请与河南大学出版社营销部联系调换)

目　　录

前言：走进瑰丽神奇的中国现代文学世界 ……………（1）

第一章　鲁迅作品导读 ………………………………（1）
　　第一节　作家小传 ……………………………………（1）
　　第二节　鲁迅小说导读 ………………………………（5）
　　第三节　鲁迅散文导读 ………………………………（10）
　　【思考与讨论】 ………………………………………（15）

第二章　创造社作家作品导读 ………………………（16）
　　第一节　创造社 ………………………………………（16）
　　第二节　郭沫若诗歌导读 ……………………………（19）
　　第三节　郁达夫小说导读 ……………………………（36）
　　【思考与讨论】 ………………………………………（40）

第三章　新月派作家作品导读 ………………………（41）
　　第一节　新月派与"三美"理论 ……………………（41）
　　第二节　徐志摩诗歌导读 ……………………………（45）
　　第三节　闻一多诗歌导读 ……………………………（53）
　　【思考与讨论】 ………………………………………（60）

第四章　茅盾作品导读 ………………………………（62）
　　第一节　作家小传 ……………………………………（62）
　　第二节　《蚀》导读 …………………………………（65）
　　第三节　《子夜》导读 ………………………………（71）
　　【思考与讨论】 ………………………………………（78）

第五章　现代派作家作品导读 ………………………（79）
　　第一节　现代文学中的现代派思潮 …………………（79）

第二节　戴望舒诗歌导读 …………………………………（ 85 ）
　　第三节　施蛰存小说导读 …………………………………（ 94 ）
　【思考与讨论】………………………………………………（100）

第六章　老舍作品导读 ……………………………………（101）
　　第一节　作家小传 …………………………………………（101）
　　第二节　《骆驼祥子》导读 ………………………………（106）
　　第三节　《四世同堂》导读 ………………………………（112）
　【思考与讨论】………………………………………………（121）

第七章　巴金作品导读 ……………………………………（122）
　　第一节　作家小传 …………………………………………（122）
　　第二节　《家》导读 ………………………………………（126）
　　第三节　《寒夜》导读 ……………………………………（133）
　【思考与讨论】………………………………………………（140）

第八章　曹禺作品导读 ……………………………………（142）
　　第一节　作家小传 …………………………………………（142）
　　第二节　《雷雨》导读 ……………………………………（145）
　　第三节　《原野》导读 ……………………………………（151）
　【思考与讨论】………………………………………………（155）

第九章　解放区作家作品导读 ……………………………（157）
　　第一节　新的文艺方向的确立 ……………………………（157）
　　第二节　李季诗歌导读 ……………………………………（162）
　　第三节　赵树理小说导读 …………………………………（168）
　【思考与讨论】………………………………………………（174）

参考文献 ……………………………………………………（176）

前言：
走进瑰丽神奇的中国现代文学世界

对文学的阅读和理解是一个开放的过程，永远不会有定论，也永远不会终结。古人云："诗无达诂。"西谚曰："一千个读者眼中就会有一千个哈姆雷特。"对于现代文学而言，不仅有说不尽的阿Q，而且还有说不尽的祥子，说不尽的觉新，说不尽的繁漪，说不尽的曹七巧，说不尽的方鸿渐，甚至连《秋夜》中那棵直刺青天的枣树，自它诞生以来，也已经被言说了近百年，但由于其间蕴藏的深邃的哲理内涵和呈现出的迷人的美学风采，仍会被人们乐此不疲、津津有味地言说下去。

正是在这个意义上，我们对于现代文学的解读只是供同学们参考的一家之言，目的在于抛砖引玉，在于激发同学们对于现代文学的阅读、讨论和交流的兴趣，在于引导同学们身心愉悦地走进这多姿多彩、瑰丽神奇的现代文学世界。在此基础上，去领略那或粗粝生涩或纯粹唯美的语言，去寻访那或忧愤深广或博爱无边的灵魂，去感知那长夜难明的非常时代，一些堪称民族脊梁的文学大师所发出的超越时空的呐喊、所高擎的烛照历史的火把，从而深切体悟现代文学同个人经验、社会人生、国家历史、民族命运的密切关联，进而促使同学们不仅喜爱现代文学、学习探究现代文学，而且挚爱社会人生，挚爱生于斯、长于斯的脚下热土，学会用自己的慧眼去观察人生，用自己的心灵去感受人生，用自己手中的笔去大胆地描绘人生。

在对具体的现代文学作家作品解读和分析之前，我们需要从宏观上把握以下四个方面的内容：现代文学教材现状、现代文学概念界定、现代文学发展分期和现代文学学法指导。

一、教材现状

新中国成立以来，现代文学（也称为新文学）一直是文学研究领域中的主阵地，文学史著作较为丰富。从20世纪50年代王瑶著的《中国新文学史稿》、丁易著的《中国现代文学史略》、刘绶松著的《中国新文学史初稿》，到"文革"后唐弢等著的三卷本《中国现代文学史》，再到新时期以及新世纪之后涌现的钱理群等著的《中国现代文学三十年》、黄修己主编的《中国现代文学发展史》、郭志刚等主编的高教版《中国现代文学史》和程光炜等主编的人大版《中国现代文学史》等等，这些教材大都编排体例严谨、历史线索清晰、作品解读极富独创性，在学术研究界产生了持续而深远的影响。但作为高职高专语文教育专业学生学习的教材来看，有的容量太大，有的理论太深，亟需一部容量适中，聚焦现代名家经典作品赏析性质的导读教材。这也是我们编写这部教材的初衷。

二、概念界定

中国现代文学中的"现代"是相对于古代、近代和当代而言的。按照通用的学术惯例，数千年的中国文学被分为四个阶段：先秦至1840年的文学被称为古代文学，1840年至"五四"前夕的文学被称为近代文学，"五四"前夕的1917年至新中国成立前夕的文学被称为现代文学，1949年至今的文学被称为当代文学。从1917年到1949年，尽管只有短短的30余年，但这30余年恰恰是中国社会由古典形态向现代形态转折过渡的关键时期，也是中华民族凤凰涅槃、浴火重生的30余年。这30余年，国家和人民经历了大痛苦和大磨难，但恰如清代诗人赵翼所言："国家不幸诗家幸，赋到沧桑句便工。"在现代文学的天空却是群星璀璨。这些敏感热诚的文学先驱,将风雨如磐的民族苦难,转化成了千古流芳的民族史诗!

就文学性质来看,现代文学是用"现代文学语言与文学形式,表达现代中国人的思想、感情、心理的文学"①,是完全不同于古典文学的"新文学"。这种"新"体现在三个层面:一是语言的新,用白话代替了文言;二是观念的新,用民主科学思想扬弃了传统的儒释道观念;三是文体的新,主要体现在诗歌、小说、戏剧等文学体裁体式的变革。当然,这种"新"在摧枯拉朽的"五四"时期,是非常鲜明和决绝的,只是到了1930年代之后,随着京派文学的逐渐崛起,一些风格宁静悠远的作品不断问世并受到好评,一定程度上也接续并发扬了古典文学中山水田园文学的审美风尚。看来,文学的发展也遵循历史发展的大趋势,向前走的同时,也绝不能割掉民族文化历史的脐带。在古与今、中与西的交流与碰撞中,现代文学大师们以海纳百川的胸襟和拿来主义的态度,创造出了一系列堪与世界文学经典比肩的经典佳作,成为了民族文学宝库中不可或缺的瑰宝。

三、发展分期

现代文学的发展历史一般被划分为三个时期。从胡适、陈独秀分别发表《文学改良刍议》《文学革命论》的1917年到"四·一二"反革命事变爆发的1927年,为现代文学的发生期。其主要特点是文学革命、文化启蒙。这一时期的文学具有一种活跃、开放的青春气息,社团蜂起,名家辈出,鲁迅的《呐喊》《彷徨》,郭沫若的《女神》《星空》等现代文学经典都在此时期横空出世。

从1927年到抗日战争全面爆发的1937年,被称为现代文学的发展期。这一时期国内的政党之争日益激化,文学的政治色彩逐渐浓郁,"五四"时期注重文学内部变革的"文学革命"至此

---

① 钱理群、温儒敏、吴福辉:《中国现代文学三十年·前言(修订本)》.北京:北京大学出版社,2008,第1页。

悄然演进为强调推动社会外部变革的"革命文学"。与此相对应,一种意欲疏离外部激烈的政治纷争、寻求退回纯净优美的偏远乡村、建构悠远宁静的文学世界、来疗救衰败人性的京派文学也渐成气候。还有一些生活在上海大都市的青年新锐作家,一方面感受着畸形繁华大都市声、光、电、影的多重刺激,一方面大胆采撷海外文学中注重描摹和表现心理、情绪、感觉、幻觉的现代派手法,从而使他们的创作呈现出令人耳目一新的样态。当然,还有一些作家如老舍、巴金、曹禺等,从各自丰富而独特的生活经验入手,大胆吸取古今中外文学艺术菁华,分别建构起了独具特色的艺术世界。

从1937年到新中国建立的1949年,是现代文学的新变期。抗日战争全面爆发后,全国文艺界迅速团结起来,成立中华全国文艺界抗敌协会(简称文协),组成了文艺界的抗日统一战线。但是由于战争的特殊状态,大陆的文学分为了几个相对独立的文学地理单元。郭沫若、巴金、钱锺书等生活在国统区的作家侧重以社会暴露和人性批判的作品(《屈原》《寒夜》《围城》)为主;赵树理、李季等解放区作家从民族传统艺术中汲取营养,创作了广受人民群众欢迎的《小二黑结婚》《李有才板话》《王贵与李香香》等作品,毛泽东《在延安文艺座谈会上的讲话》的发表,则将解放区文学创作进一步推向高潮。此外,张爱玲等一些沦陷区作家,师陀等一些置身租界的孤岛作家也有重要的作品(《金锁记》《果园城记》)问世。

四、学法指导

对于现代文学的学习,和所有文学课的学习颇为相似,但也不完全相同,需要更加关注个人经验和社会人生,离不开"听、读、思、讲、写"的五字、五步法。所谓"听"就是听课,听知识点,听文学史线索,听文学分析方法;所谓"读"就是读书,读教材,读经典作品,读大师传记,看名作改编的影视剧;"思"就是思考,思大师成长之路,思作品时代价值,思作品艺术创新;"讲"就是交流,和老师交流,和同学交流,和家人交流,交流自己对文学、对人生、对历史、对现实的理解与认识,在如切如磋、如琢如磨中提升自己的文学修养和人格魅力;"写"就是写作,写日记,写随感,大胆进行各类文学创作。通过这五步,从而夯实现代文学知识基础,增强文学素养,全面提升同学们对文学和人生的感知、理解、评价与创造能力。

第一章 鲁迅作品导读

第一节 作家小传

作为现代文学大师、现代小说的奠基者和现代杂文的开创者,鲁迅在中国几乎无人不识、无人不晓。但是,自1918年划时代的白话小说《狂人日记》在《新青年》上问世以来,鲁迅这一称谓就被不同时代、不同派别的人们戴上了形形色色的帽子——"思想异端""青年导师""民族英雄""一块老石头"等等或神圣化或污名化的帽子,令人眼花缭乱,以至于鲁迅的孙子周令飞曾发出了"鲁迅是谁"的喟叹!那么鲁迅究竟是谁?让我们抛开种种僵化的命名和概括,穿越一个多世纪的历史烟云,从以下四个阶段去感受鲁迅的生命旅程,去探寻鲁迅的精神世界。

一、家道中落

鲁迅(1881—1936),1881年9月25日诞生于浙江省古会稽县(今与山阴合称绍兴县)新台门周家,名樟寿(后改名"周树人"),字豫山(后改字"豫才")。鲁迅出生时,祖父介孚公在北京做官,家里有曾祖母、祖母、姑婆、父、母、叔叔、姑母等,四世同堂。周家在经济上有几十亩水田和一些店面房子,算得上小康人家。鲁迅是周家长子长孙,出生后备受家人呵护,不到一岁,父亲便让他在长庆寺拜和尚"龙师父"为师,师父给鲁迅取法名

"长庚",送给他一件"衲衣"和一条用以避邪的"牛绳"。在家里照顾鲁迅的是会讲故事的保姆"长妈妈"。鲁迅的父亲伯宜公是屡试不第的读书人,母亲姓鲁,来自乡下,通过自修能识文断字。童年的鲁迅,到外婆家看社戏,到三味书屋读书,到百草园游戏,享受着无忧无虑的快乐生活。但是,1893年祖父因科场舞弊案陷身囹圄,1896年父亲因忧郁成疾不治而亡,少年鲁迅备尝了由小康人家坠入落魄困顿的底层况味。在出入于当铺和药店的三年人生历练中,他看清了世人的真面目,性格磨砺得孤傲而坚韧。

二、青春寻梦

18岁是追梦时期,鲁迅亦不例外。1898年,18岁的鲁迅带着母亲筹措的8元川资,只身一人到南京求学。他先考进江南水师学堂,第二年改入矿路学堂。南京求学的日子是清苦的,冬天没有棉衣,鲁迅就吃辣椒御寒,甚至损害了胃的健康。鲁迅在学业上非常优秀,每逢考试,十有八九都是第一,也是全班唯一得到金质奖章的人。更为难得的是,在学习之余,鲁迅通过阅读《时务报》《天演论》等维新派刊物和著作,接受了"物竞天择,适者生存"的进化论思想。

1902年他于矿路学堂毕业时,中国刚刚经历八国联军入侵北京的事变。清政府腐败无能,国家民族面临严峻的生存危机。科学救国的梦想在青年鲁迅的胸中激荡,"我以我血荐轩辕"的爱国豪情坚定了他东渡求学的志向,因为他知道日本维新大半发端于西方医学,他希望用现代医学来增强国人对于维新的信仰。另外,学成归国后,还可以救治像父亲那样被庸医所误的病患。经过日本弘文学院两年的语言学习,鲁迅于1904年进入仙台医专学医。在这里,鲁迅遇到了让他终生敬重的藤野先生,但也遭受了部分日本同学的歧视,尤其是在1906年经历了令人震惊的"幻灯片"事件后,他明白了:救国的第一要着是改变国民麻木的精神，而最能够改变精神的无疑是文艺。于是，鲁迅便弃医从文，离开仙台来到东京，开启了他光辉又艰巨的文学生涯。最初他准备编辑同人杂志《新生》，但由于经济和其他原因，《新生》不幸流产，这让鲁迅感到未尝经验过的无聊。在孤独和寂寞中，尼采的"超人哲学"进入了鲁迅的视野，"掊物质而张灵明，任个人而排众数"的个性主义思想初步形成。当然，这期间鲁迅的个人情感也曾遭遇重大创伤。1906年，一封"母病，速归"的电报让忧心如焚的鲁迅风尘仆仆赶回故乡，然而等待他的却是一场被安排好的婚礼。鲁迅极其平静又非常冷漠地接受了妈妈送给自己的礼物——妻子朱安，至此无爱的婚姻像枷锁一样羁绊了鲁迅20余年。1907年大弟周作人的赴日学习给孤寂的鲁迅带来不少精神安慰。弟弟聪慧好学，在文学艺术上逐渐呈现出过人的才华，两人一起翻译、一起写作，兄弟怡怡、志同道合。除了兄弟俩合译出版的两卷《域外小说集》外，鲁迅还创作发表了《人之历史》《科学史教篇》《文化偏至论》《摩罗诗力说》《破恶声论》等重要论文，批判竞言武事的洋务派思想和蔑视个性的维新派思想，礼赞拜伦、雪莱、普希金、裴多菲等欧洲"撒旦派"诗人，希望中国也能产生"立意在反抗，指归在动作"的精神界战士。

三、创作勃发

1909年，鲁迅回到国内，最初在杭州的浙江两级师范学堂任生理学、化学教员，后又到故乡绍兴府中学堂任生物学教员、监学。1911年辛亥革命爆发，鲁迅积极组织声援和宣传活动，并创作了以此为背景的文言小说《怀旧》。1912年，鲁迅应教育总长蔡元培之邀到南京教育部任职，不久又随部迁至北京。由于辛亥革命的果实被袁世凯篡夺，此后又经历了一系列"城头变幻大王旗"的军阀乱象。在黑暗压抑的政治氛围中，鲁迅除了完成教育部任内的一般事务外，时常用抄写古书、记录金石碑帖、阅读佛经等方法来静思默想、省察世相，这是鲁迅创作爆发前的思想沉淀期。

新文化运动的爆发使鲁迅燃起了新的希望。1918年受《新青年》编辑钱玄同之邀,鲁迅创作了划时代的白话短篇小说《狂人日记》,从此一发而不可收。之后,小说《呐喊》《彷徨》相继出版,并以"表现的深切和格式的特别",成为中国现代小说的奠基之作和经典之作。在散文创作方面,亲切温馨的《朝花夕拾》和内敛深邃的《野草》分别开创了中国现代散文"谈话风"和"独语体"两种风格。在此期间,鲁迅还到北京女子师范大学等学校兼职授课,扶持提携青年学生,精心撰写讲稿《中国小说史略》。面对军阀政府的黑暗统治,他虽不赞成青年学生无谓地牺牲,但热心救助被捕学生,激烈批判反动暴行,写下了《无花的蔷薇》《纪念刘和珍君》《为了忘却的纪念》等一系列韵味隽永的随笔杂文,不经意之间为中国现代文学开创了一种短小精悍、影响深远的杂文文体。

四、民族魂魄

随着国内形势的急剧变化,加上遭遇从教育部失业、兄弟失和等个人生活的一系列变故,鲁迅于1926年8月开始南下,先后在厦门大学、中山大学短暂任教,经过一年漂泊后于1927年到达上海。由于此前在"北师大风潮"中和许广平女士结下了深厚的战斗情谊,经过天各一方两地书信往来的心迹剖白,鲁迅艰难跨越了封建包办婚姻的痛苦羁绊,大胆喊出了"我也可以爱"的心灵呐喊,携手许广平在上海安家定居,并按月给母亲和朱安女士邮寄生活费用。此后10年,这对生活和精神伴侣互相扶持、并肩战斗,助推鲁迅先生在思想和艺术上取得了新的突破。

在反驳来自左、右两个阵营的误解、诋毁的思想论战中,鲁迅一面热情地创作,为文坛奉献了《三闲集》《二心集》《南腔北调集》《伪自由书》《花边文学》等10余部幽默犀利的杂文精品;一面沉下心来,冷静地阅读和翻译普利汉诺夫、冈察洛夫等苏俄无产阶级文艺理论家的经典著作;同时还从我国古代历史和传说中采撷素材,创作了《非攻》《理水》《采薇》《起死》《出关》等小说,和1920年代创作的《补天》《奔月》《铸剑》结集为《故事新编》出版,成为鲁迅第三部小说集。此一阶段,鲁迅的思想发展轨迹,已由南京求学时的进化论思想,经日本留学时期的个性主义思想,而发展到"无产阶级和劳动群众的真正友人,以至于战士"(瞿秋白语)的新境界。

由于鲁迅先生对中国左翼进步事业的无私奉献,对各类反动势力、反动思潮的辛辣嘲讽和犀利批判,对无数进步青年的悉心指导与倾心相助,对中国新文化和新文学事业的巨大贡献,和他那横眉冷对千夫指、俯首甘为孺子牛的人格精神,当1936年10月19日鲁迅先生不幸辞世之时,上海的工人、学生、文化工作者等成千上万人自发为先生送行。胡风、巴金、黄源、欧阳山等青年作家亲自抬棺,蔡元培、沈钧儒、宋庆龄等各界精英亲临吊唁,尤为醒目的是,上海民众代表将一面巨大的"民族魂"旗帜覆盖在鲁迅的棺木上。正如诗人臧克家所说:"他活着为了多数人更好地活着的人,群众把他抬举得很高,很高。"

鲁迅一生虽然短暂,但其著述丰厚而深邃,是中华民族极其宝贵的精神财富,值得我们认真学习、探究、继承和发扬。

第二节 鲁迅小说导读

从数量来看,鲁迅一生留下的小说并不多。1911年创作的1篇文言小说《怀旧》;1918—1923年创作的《狂人日记》《阿Q正传》等14篇小说,结集为《呐喊》;1924—1926年创作的《祝福》《在酒楼上》等11篇小说,结集为《彷徨》;1920—1930年代创作的《奔月》《铸剑》等8篇改编自古代历史、神话、传说的小说,结集为《故事新编》。共计34篇。

就质量而言,鲁迅的小说每篇都有形式与语言上的新突破,每篇都有精神和美学上的新开掘。《狂人日记》中狂人"救救孩子"的一声呐喊,开启了中国现代小说波澜壮阔的新篇章;《阿Q正传》中阿Q那可笑、可怜、可爱、可恨的"精神胜利法",让中国现代小说真正走出国门,在世界文学史上留下了浓墨重彩的一笔。

正是在这个意义上,"中国现代小说之父"的称谓对鲁迅来说实至名归。恰如北京大学教授严家炎先生在《〈呐喊〉〈彷徨〉的历史地位》中指出的那样:"中国现代小说在鲁迅手中开始,又在鲁迅手中成熟,这在历史上是一种并不多见的现象。"那么,作为中国现代小说的开端与高峰,我们该如何把握鲁迅小说独特的艺术成就呢?实际上,鲁迅先生1920年代末在《中国新文学大系·小说二集·导言》中一句精当的自我评价"表现的深切与格式的特别",为我们进入鲁迅那瑰丽多姿的小说艺术世界提供了极好的路径导引。

一、表现的深切

对文学作品的解读不外乎考察三个方面的问题,即表现了什么、表现得怎样和怎样来表现的。"表现的深切"实际上涵盖了表现对象和表现效果两个层面。

(一)表现对象

鲁迅避开了中国传统小说常常青睐的才子佳人和王侯将相,而将目光聚焦于中国农耕社会时代的主体对象——底层农民和知识分子上面。

在《药》《明天》《故乡》《阿Q正传》《祝福》等小说中,鲁迅用俭省而极富表现力的笔墨塑造了阿Q、闰土、单四嫂、祥林嫂、华老栓等一系列各具特色的典型农民形象。他们有着善良、勤劳的基本底色,但或为儿子无法治愈的疾病而忧愁,或被乱世苦难生活所折磨,或因沉重的封建礼教羁绊而绝望,鲜活的生命被摧残的如同失掉了灵魂和血气的木偶人。即便那"真能做""不服输"的阿Q,在留下无数令人难以忘怀的辛酸笑料后,也匍匐在地,用颤抖的手给自己画下了"大团圆"的可悲结局。每一个形象只要你看上一眼,那难以排解的悲哀和愁苦,就会扑入你的眼帘并抓住你的神经,让你不自觉地为他们的遭遇和命运而忧虑、而悲愤,"哀其不幸,怒其不争"!

在《狂人日记》《孔乙己》《在酒楼上》《肥皂》《伤逝》等小说中,鲁迅将他手中那支神奇的笔转向了新旧各色知识分子,这同样是鲁迅熟悉和擅长的领域。如果说童年在外婆家的生活经历,和与保姆长妈妈的朝夕相处,使鲁迅对中国底层农民有了细致观察和深入了解的话,那么,书香门第的家庭和在京沪两地知识文化界20年的浸润,使他描写起知识分子来同样得心应手,活灵活现。狂人的睿智与疯癫、孔乙己的自尊与迂腐、吕纬甫的清醒与彷徨、四铭的虚伪与变态、涓生的悔恨与哀伤,总能掀起我们动荡不息的情感波澜,如临其境,如在目前,让我们厌弃那虚伪者,可笑那落伍者,同情那彷徨者,礼赞那先觉者。

(二)心灵探寻

鲁迅小说强烈的感染力得益于他对人物内在心灵的不懈探寻,对人物精神世界的深切表现。鲁迅笔下的人物,外貌描写均极为简略,但内心世界的表现则非常丰富,张力十足,追魂摄魄。对于阿Q的外貌,鲁迅只写了他头上那块癞疮疤和脑后瘦小的辫子,以幽默漫画的手法勾勒出普通底层农民的落魄形象和生存境况,但对他不甘受辱又盲目反抗、自欺健忘且荒唐无赖的"革命"心理则穷形尽相,层层开掘,描画其一旦翻身作威作福的可笑梦境,展示其如影相随、永难摆脱的生存焦虑。恰如小说中那匹眼放绿光、不远不近跟定阿Q的恶狼,穿越了文本和现实、历史与当下,带给我们痛彻的灵魂震颤。

(三)人性揭示

从在日本留学时起,鲁迅就开始关注"立人"问题,关注国民精神的重建问题。如果说当时创作的《文化偏至论》《摩罗诗力说》等文章,是用论文的形式、思辨的方法,阐明个性自尊的精神人格建构对于国家独立、民族自强的重要意义的话,那么,此时则是用小说的形式、审美的方法,形象展示没有个性自尊的人生之痛、人性之悲、民族之难、国家之殇!在此意义上,鲁迅的小说不仅指向了对绵延数千年的封建专制主义的历史文化反思与批判,而且指向了对此种文化境遇下集体无意识的"国民劣根性"的反思与批判,从而使他笔下的人物形象具有了跨越时空的审美穿透力。即如阿Q而言,已不仅仅是1920年代不觉悟的典型农民代表,而且成为了国民劣根性的象征,甚至在一定意义上也呈现了人性的普遍弱点,揭示了人类永恒的生存困境。

这一系列在文学史画廊中熠熠生辉的人物形象(如阿Q、祥林嫂、闰土、狂人、孔乙己、涓生等),以及他们各自所呈现出的特色鲜明、个性独具的行为方式与心理世界,无不确证着鲁迅小说令人惊叹的表现力。

二、格式的特别

鲁迅小说丰富深刻的表现力,还得益于"格式的特别"。这里的格式是小说表现方法的总称,涵盖了结构模式、叙述视点、小说体式和美学风格等多个层面。鲁迅是在小说形式上寻求不断创新的小说家,一方面,他广泛采撷古今中外小说成功的表现手法;另一方面,他着意于创新,既不机械模仿他人,更不简单重复自己,一篇有一篇新形式,堪称创造新形式的先锋。

(一)结构模式

就小说的结构模式来看,他扬弃了传统线性情节结构模式,采用了利于揭示民族文化心态和叙述者矛盾心态的"看/被看"模式和"离去/归来"模式。

《示众》《药》《阿Q正传》等小说中都有看杀头的场景,一个被围在中间,马上就要被杀头了;一群人围在四周,层层叠叠,都睁大眼睛、张着嘴巴、伸长脖颈,像一群鸭,看得津津有味、不亦乐乎。殊不知被杀的就是自己的同类、同胞,甚至是不惜牺牲生命来启蒙和解放自己的先觉者、革命者。这无疑是对早年日本留学期间观看幻灯片后创伤记忆的艺术化意象显现,这一意象化的表现赋予了作品更为深广的民族文化心理内涵,批判了麻木的庸众的看客心理,也隐隐透露出启蒙、变革的复杂与艰难。

《故乡》《祝福》《在酒楼上》等小说在结构上则呈现为"离去/归来"的归乡模式。叙述者"我"带着对故乡人和事的美好回忆,满怀期待回到故乡。一如《故乡》中"我"对儿时玩伴少年闰土的美好回忆,"深蓝的天空中挂着一轮金黄的圆月,下面是海边的沙地,都种着一望无际的碧绿的西瓜,其间有一个十一二岁的少年,项带银圈,手捏一柄钢叉,向一匹猹尽力的刺去,那猹却将身一扭,反从他的胯下逃走了"。待到见面时,期待中的闰土已被生活折磨成了迟钝、呆滞的木偶人。一声"老爷",竖起了人和人之间沟通交流的厚厚障壁;闰土对香炉的渴望,更让"我"陷入难以言表的悲哀。在结尾中,"我"又离开了故乡,在孩子的自由交流中看到了希望:"其实地上本没有路,走的人多了也便成了路。"这是"归乡"模式的典型体现,读者的情绪随着叙述者情绪的蜿蜒流转而起伏跌宕。

(二)叙述视点

就叙述视点来看,鲁迅小说的叙述视点灵活多变。在《示众》中采用了第三人称限知叙述的外视点,像照相机一样清晰呈现"示众"场面,将各色看客的荒唐举止和麻木灵魂活灵活现地表现出来。在《伤逝》中采用了第一人称限知叙述的内视点,完全用涓生情绪化内心独白的叙述方式,充满愧疚与悔恨地讲述了他和子君由冲破封建包办婚姻,自由恋爱,同居生活,到尴尬分手后子君返回娘家抑郁而死的爱情悲剧,如泣如诉,感人至深。在《狂人日记》《阿Q正传》《祝福》等小说中,采用了第一人称"我"(或"余")和第三人称"他"(或"她")灵活转换的交叉视点,从而实现了隐含作者声音、叙述者声音、小说角色声音的多声部对话、交流,使小说的主题意蕴得以丰富和深化。

(三) 体式与风格

就小说的体式与风格来看,由于鲁迅先生融合了古今中外多种表现手法,如中国古典的白描艺术(祥林嫂的眼睛、少年闰土的出场)、西方现代派象征艺术(狂人的变态心理、阿Q的幻觉)、冷静的现实主义手法(孔乙己的悲剧人生)、浓烈的浪漫主义手法(女娲神奇的出场、三头鼎中相博)等,使鲁迅小说不仅体式多样(如诗化体小说《伤逝》、散文体小说《故乡》、戏剧体小说《起死》、日记体小说《狂人日记》),而且多种风格并存(如悲剧风格《祥林嫂》、喜剧风格《肥皂》、悲喜交织风格《阿Q正传》等),形成了强烈的美学感染力。

三、小说的影响

1930年代鲁迅小说走出国门,在国际上产生了重大反响。近百年来,海外鲁学也渐成气候。在国内来看,鲁迅的小说直接影响了1920—1930年代的乡土文学创作,并且对高晓声、余华、莫言、残雪等当代小说家和当代文学创作产生了持续而深远的影响。

第三节 鲁迅散文导读

鲁迅在1920年代创作了两部散文集:心灵独语式的散文集《野草》,回忆谈话式的散文集《朝花夕拾》。

一、《野草》

《野草》具体创作于1924—1926年,发表在周氏兄弟主持编辑的散文杂志《语丝》上,共23首散文诗,1927年又增加《题辞》1篇,由北新书局结集出版。当时处于北洋军阀黑暗统治之下,正值五四运动的落潮期,和鲁迅的小说《彷徨》创作时期重叠。此时鲁迅的心绪恰如《题〈彷徨〉》一诗中所呈现的那样:"寂寞新文苑,平安旧战场;两间余一卒,荷戟独彷徨。"在孤寂和彷徨中,鲁迅并没有消沉,而是在对历史的反思、人性的拷问、万物的静观和心灵的对话中,升华出了一种像野草、死火、枣树、过客一样的,不惧怕黑暗、不怯于战斗、不惮于牺牲的人格精神。鲁迅以这种人格精神做内在支撑,挥洒于艺术创作,便成就了那风格凝练隽永,意象丰盈灵动,意蕴深邃丰厚,并具有浓郁生命哲学韵味的散文诗精品《野草》。

(一) 表现内容

就表现内容来看,《野草》主要集中表现在以下三个方面:

1. 对"战士"精神的礼赞

如《题辞》中,那在地火焚烧中坦然、欣然、大笑而歌唱的"野草";《秋夜》中,那"默默地铁似的直刺着奇怪而高的天空"的"枣树";《过客》中,那向着坟场勇毅而行的"过客";《这样的战士》中那不断举起投枪的"战士";《淡淡的血痕》中那愤然前行的"猛士";等等。鲁迅用朦胧诗意的暗示象征手法,礼赞了民族脊梁式的"精神界战士"!

2. 对矛盾灵魂的自剖

在《野草》中,有不少篇什深入到时代转折时期知识分子苦闷彷徨、挣扎求索的心灵世界。《影的告别》中,那"然而黑暗又会吞并我,然而光明又会使我消失"从而无地彷徨的"影子";《希望》中,那像娼妓一样蛊惑一切、与虚妄相同的"希望";《墓碣文》

中,那"抉心自食,欲知本味。创痛酷烈,本味何能知"的矛盾痛苦的"我";《死火》中,那留在冰谷将会冻灭、冲出冰谷将会烧完的"死火"等等,都是时代大转折、大动荡时期,追求进步的知识分子深刻的灵魂自剖和艺术化的人格精神投射。

  3. 对庸众心理的针砭

  在这里,不仅有鲁迅先生惯常的对看客心理的生动展示与形象批判,如在《复仇》中,"路人们从四面奔来,密密层层地,如槐蚕爬上墙壁,如蚂蚁要扛鲞头。衣服都漂亮,手倒空的。然而从四面奔来,而且拼命地伸长颈子,要赏鉴这拥抱或杀戮。他们已经豫觉着事后的自己的舌上的汗或血的鲜味"。还有对虚假的求乞心、虚伪的布施心与庸俗的虚荣心的针砭。在《求乞者》中,对于那"也穿着夹衣,也不见得悲戚,而拦着磕头,追着哀呼"的虚假的求乞者,"我不布施,我无布施心,我但居布施者之上,给与烦腻,疑心,憎恶"。在《立论》中,对"说谎的得好报,说必然的遭打"的庸俗虚荣心,进行了形象辛辣的嘲讽。更有对无度索取与无情遗弃心理的警示,在《颓败线的颤动》中,那被遗弃的老妇人的无言诅咒和那点点如鱼鳞般颓败颤动的躯体,梦魇般让人冷汗淋漓,自警自励!

（二）艺术特征

  关于《野草》的艺术特征,研究界成果颇丰。孙玉石教授在《〈野草〉研究》中提出,"在《野草》创作中,鲁迅为了达到含蓄蕴藉而又真切自然的艺术效果,便吸取了象征方法与写实方法的优点,……幻想的意境,象征性的形象,充满真实的描写刻画,辛辣战斗的嘲讽,紧密结合,交相运用,使这些散文诗显得真实而又深邃"。钱理群教授在《心灵的探寻》中认为,"《野草》的创作,是作家感觉到内心世界的'离奇和芜杂'已经无法如《呐喊》《彷徨》那样,外化为人物,用小说的叙述语言表现;只能幻化为梦境,用诗的朦胧、跳跃语言来直接表现,达到一种心理的真实,并折射着特定的外在现实"。

我们认为《野草》的艺术特征主要体现在以下三点：

1. 生命哲学的内蕴

《野草》以丰赡而独特的意象表达切入自我生命体验的深层，"希望"—"绝望"这一对矛盾，处于《野草》的核心，发源于希望与绝望之争的诸多矛盾，最后归结为一个现实的难题——生与死的抉择。面对这一生存困境，鲁迅用野草、枣树、战士、过客的精神，呈现了一种直面黑暗与虚无、向死而生的坚韧的生命哲学。

2. 梦幻象征的构思

《野草》常给读者奥秘晦涩的阅读体验，关键在于鲁迅在这里不是用日常的逻辑行文构思，而是用梦幻、象征的手法进行构思。24篇散文诗，有7篇都是用"我梦见自己……"的方式开头。即便从现实切入的《秋夜》，也用极具个性化的话语方式"在我的后园，可以看见墙外有两株树，一株是枣树，还有一株也是枣树"来开篇，从而将读者引入意蕴丰厚的象征情景。

3. 诗意葱茏的语言

《野草》之所以被称为散文诗，就在于它那深邃、凝练、诗意葱茏的语言。有时平中见奇，有时层层转折；有时言近旨远，有时言此意彼；有时诙谐戏仿，有时坦诚对话。文言与白话灵活穿插，格言与警句不时闪现；有现实的象征描画，有梦境的意象暗示；有向心灵的叩问，有和死者的交流。一片雪花也有不死的精魂，一枚腊叶也深蕴着爱的温情；一株野草也会坦然大笑，一团死火也不惧化为灰烬。一篇一篇慢慢品味，诗意葱茏，令人沉醉。

二、《朝花夕拾》

《朝花夕拾》写于1926年2月至11月间，共10篇。最初在《莽原》半月刊上发表时，总题为"旧事重提"，1927年5月在广州白云楼寓所编订成书的时候,加写了《小引》和《后记》,改题为《朝花夕拾》。鲁迅自称《朝花夕拾》是"从记忆中抄出来"的散文。其中,前五篇写于北京,鲁迅因支持女师大学生运动,而经历失业并且被通缉,生活极不安定,这几篇回忆散文中亦夹杂着些许杂文的笔调;后五篇写于厦门大学,在图书馆楼上寂静的氛围中,往事浮上心头,笔调平静而温馨。

(一) 创作内容

就创作内容来看,《朝花夕拾》形象地展示了鲁迅在上海定居之前的生活经历和心路历程,堪称鲁迅先生的系列文学自传。

《阿长与〈山海经〉》《二十四孝图》《五猖会》《无常》《从百草园到三味书屋》《父亲的病》等文章,回忆了鲁迅童年与少年时期在故乡绍兴时的生活;《琐记》展示了鲁迅从故乡到南京求学时的艰辛生涯;《藤野先生》展示了鲁迅在日本留学时的学习情况和弃医从文的心理轨迹;《范爱农》记叙了鲁迅回国初期在杭州和绍兴教学以及到南京教育部任职时的生活经历和对辛亥革命的观察与反思;《狗·猫·鼠》则表现了鲁迅在北京时期的生活状况以及对北京知识界病态心理的形象讽刺。

(二) 艺术风格

就艺术风格来看,《朝花夕拾》的风格特征主要表现在两个方面:

1. 舒缓明丽的情感基调

作品或描绘色彩明丽的世态与风情(如江南水乡的风土人情、南京学堂的文化氛围、异国求学的个人体验、北京知识界的轻松揶揄等),或叙写栩栩如生的各色人物(如淳朴的长妈妈、方正的寿先生、仁厚的藤野先生、孤傲的范爱农、荒唐的新绅士等),情感真挚自然,叙事舒缓明丽。

2. 平易亲切的话语风格

作品的叙述语调不是慷慨激昂的鼓动宣讲(如陈独秀的《文

学革命论》），也不是幽暗晦涩的心灵独语（如何其芳的《画梦录》），而是平易亲切的亲人絮语、友人聊天。此时，仿佛溶溶的月光洒满庭院，淙淙的溪水在屋后流淌，在温馨惬意的氛围中，紧闭的心扉悄然开启，悠远的回忆如画卷般展开，带给读者如沐春风、心灵归乡般的奇妙阅读体验。

【思考与讨论】

一、请谈谈鲁迅青春寻梦的人生轨迹对新时代的大学生有哪些启示。

二、请结合作品谈谈您对《阿Q正传》悲喜交织美学风格的体会与理解。

三、请结合具体作品，谈谈您对"独语体"和"谈话风"散文风格的理解。

第二章 创造社作家作品导读

第一节 创造社

> "文学研究会被认为写实主义的一派,创造社是被认为有浪漫主义的倾向。这也不过是大概的区分。文学研究会里面,也有带浪漫主义色彩的作家;创造社的同人中也有不少的人发表有写实倾向的作品。"①
>
> ——郑伯奇

一、社团简介

创造社于1921年6月在日本东京正式成立,由一群留学日本的学生组建,主要成员有郭沫若、郁达夫、郑伯奇、田汉、成仿吾、张资平等人。社团从初创到中后期,相继有34位作家、艺术家参与其中,先后办有《创造》季刊②《创造周报》《创造日》《创造月刊》《洪水》等十余种刊物。郁达夫在他们创办第一份刊物《创造》季刊的出版预告中提到:"自文化运动发生后,我国新文艺为一二偶像所垄断,以至艺术之新兴气远,澌灭将尽。"③郭沫若更

---

① 郑伯奇:《中国新文学大系·小说三集·导言》,载赵家璧《中国新文学大系:第5集》,上海:良友图书印刷公司,1935,第2—3页。

② 《创造》季刊是创造社主办的第一个刊物,1922年5月在上海发刊,郭沫若、郁达夫、成仿吾三人轮流编辑。

③ 郁达夫于1921年9月29日《时事新报》第1版登出的"纯文学季刊《创造》出版预告"。

是以狂放的姿态回忆:"那时候的中国那里有甚么'文坛'?"①创造社正是以这种反对偶像、崇尚天才的浪漫气质,以异端的姿态登上现代文坛。

二、文学主张

创造社之所以被视为"异端",是因为它有别于现代文学早期以文学研究会为代表的现实主义风格。在西学东渐的过程中,更多地吸收了欧洲浪漫主义的养分,以作家的内心感受为基准,强调主观情感在文学创作中的作用,崇尚像水满溢出一样自然的"直觉"与"灵感",讲求文学的"全"与"美",拒绝粗劣的模仿,以严肃的态度迸发出极具个性的创造力,显示出"为艺术而艺术"的文学主张。同时,他们的艺术追求并非束之高阁,而是表现出"时代的使命",对旧社会"不惜加以猛烈的炮火"②。郭沫若曾经说过:"我们在日本留学,读的是西洋书,受的是东洋气。"③因此,在创作社的作家身上,集中体现了"五四"反抗精神,郭沫若的诗集《女神》、郁达夫的小说集《沉沦》、田汉早期的戏剧创作,都以时代革新为己任,释放了青年一代觉醒的呐喊!

三、创作分期

创造社早期在文学上倾向于浪漫主义。他们热情译介歌德、雪莱、雨果、惠特曼、罗曼·罗兰等人的作品,在中国燃起了浪漫主义思潮的火种。1925年"五卅"运动前后,时代的震荡使他们将目光聚焦于社会现实,开始积极地倡导无产阶级革命文学,后期的创造社逐渐转向了现实主义文学的阵地。

---

① 郭沫若:《创造十年》,载《郭沫若全集》文学编12卷,北京:人民文学出版社,1992,第135页。
② 成仿吾:《新文学之使命》,载《成仿吾文集》,济南:山东大学出版社,1985,第91页。
③ 郭沫若:《三叶集·郭沫若致宗白华》,载《郭沫若全集》15卷,北京:人民文学出版社,1990,第140页。

四、代表作家作品

作为创造社的领军人物,郭沫若在1921年发表的第一部诗集《女神》成为现代新诗的奠基之作。他早期思想深受德国浪漫主义诗人歌德的影响,并在主情主义、泛神论思想、赞美自然和崇拜原始生命力等方面产生了强烈共鸣。小说方面,最能代表创造社时代精神的作家是郁达夫。他在1921年10月出版的小说集《沉沦》,是现代文学史上第一部白话短篇小说集。其中,同名小说《沉沦》展现了一个留学日本的中国青年学生在时代挤压下的病态人格。小说以大胆自我暴露的形式,将"五四"知识青年的时代苦闷和盘托出,在现代文坛具有开创性的意义。田汉早期的戏剧创作,体现出爱与美的追求,这与中国当时的黑暗现实形成强烈反差。剧作往往在爱与美的求而不得中,催生出浪漫悲情的戏剧格调,《咖啡店之一夜》《获虎之夜》《名优之死》是其中的佳作。郑伯奇是创造社的剧作家和文学评论家,他的作品在彰显"五四"时代精神、反映社会现实方面都具有一定的深度和广度。张资平是创造社最高产的作家,他发表于1922年的《冲积期化石》是现代文学史上的第一部长篇小说。他的作品多涉及恋爱题材,带有反封建的倾向,吸引了大批的读者,销量也非常可观。

总的来说,创造社以浪漫主义的美学主张彰显风格,在浓烈的情感中抒写时代,以创造为名塑造个性,以异军突起的姿态,在中国现代文学史上留下了开创性的意义和贡献。

第二节 郭沫若诗歌导读

一、郭沫若的生平与诗歌创作

郭沫若(1892—1978)生于四川省乐山县沙湾镇,原名郭开贞,字鼎堂,号尚武,乳名文豹,笔名众多,有沫若、郭鼎堂、石沱、麦克昂、羊易之等。在"五四"新文学发轫之初的1919年,郭沫若在上海《时事新报》的副刊《学灯》上发表新诗,将流经故土的两条河——沫水与若水合成笔名"沫若",展露诗人的赤子之心。

郭沫若一生博学,在文学、历史学、考古学、书法等方面皆有建树。作为现代新诗的奠基人,他在1921年发表的第一部诗集《女神》,将浪漫主义激情与自由体式诗风诠释得淋漓尽致,以独特的想象力和天才般的狂放成为现代文学史上的神来之笔。1942年,他创作的历史剧《屈原》,将叛逆的个性解放精神转化为时代的反抗之声,借由屈原这一角色的塑造,阐发了郭沫若心系家国的情怀和政治抱负。他的学术著作《中国古代社会研究》,将马克思主义学说引入对中国历史的研究,论证中国古代同样有奴隶社会的存在,开创了唯物主义的史学研究潮流。他对甲骨文和金文也颇有研究,著有《甲骨文字研究》一书,与王国维、罗振玉、董作宾并称为甲骨四堂。此外,郭沫若的书法也自成一格,他的行草不拘泥于旧法,起笔见力道,回转见洒脱,被世人美誉为"郭体"。

集众多领域大家头衔为一身的郭沫若,从小就天资聪颖。父亲郭朝沛是一位精明善谋的商人,母亲杜邀贞来自没落的官宦之家,喜爱古典诗词。在她的熏陶下,郭沫若对诗歌产生了浓厚的兴趣。中学时期,他大量阅读林译小说和章太炎、梁启超等人的政论文章,开拓了国际视野,也萌生了民主意识。由于不满陈腐的教育制度,郭沫若经常参与反帝反封建的爱国运动,多次被校方斥退,叛逆的个性初现端倪。1912年,他与张琼华在四川老家成婚。这场包办婚姻仅维持了五天就以郭沫若的离开告终。此后,张琼华一直独守在婚姻的空壳里直至终老。1916年,郭沫若在东京与日本姑娘佐藤富子相恋,出身名门望族的富子为了爱情与父母决裂,郭沫若很受感动,称赞她像托尔斯泰笔下的安娜·卡列尼娜一样独立勇敢,并为她取名"安娜"。婚后郭沫若与安娜育有四子一女,然而这段跨国恋并未善始善终。随着中日矛盾的加剧,1937年郭沫若不辞而别,踏上了回国抗日的道路,此后两人逐渐失去了联系。回国以后,郭沫若与名门闺秀于立群结合,携手度过了后半生。

1914年郭沫若东渡日本,他原本立志要以先进的医科所学回报祖国,最后却大步走向了文学创作的道路。留学日本的第一年,他在东京第一高等学校预科学习日语,次年升入冈山第六高等学校学习医科,1918年又升入九州帝国大学医科,直至1923年毕业回国。在日本留学期间,由于学习医科需要阅读外文书籍,加上兴趣所致,郭沫若饱览了大量的外国文学作品,歌德、泰戈尔、惠特曼、雪莱等诗人的作品对他的创作产生了深远的影响。同时,他广泛吸收世界各国的文艺思想,在斯宾诺莎的泛神论影响下,形成了他早期叛逆张扬、充满灵性的文学个性和美学观念。

"五四"新文化运动的爆发,点燃了郭沫若的爱国主义激情和创作灵感。他组建了以反对日本帝国主义侵略为宗旨的爱国学生团体夏社,并于1919年初创作了第一篇小说《牧羊哀话》,借用朝鲜大地上发生的悲情故事来抒发自己的爱国主义情怀。同年,郭沫若开始在宗白华主编的《时事新报》的副刊《学灯》上发表新诗,《立在地球边上放号》《凤凰涅槃》《炉中煤——眷念祖国的情绪》《天狗》等名篇皆刊登于此。这一时期,郭沫若、宗白华、田汉三人的往来书信也集结出版,以《三叶集》命名,象征着三人的友谊,记录了郭沫若早期的诗学见解。

1921年6月，郭沫若与成仿吾、郁达夫、田汉等人在东京共同组建创造社，先后创办了《创造》季刊、《创造周报》、《创造日》等十几种刊物，成为现代文学史上大放异彩的社团流派。他们早期大都具有浪漫主义的倾向，抒情色彩浓厚，注重"表现自我"，同时又兼顾"时代的使命"，对一切"虚伪、罪孽与丑恶"的旧时代因素，"不惜加以猛烈的炮火"。[1] 郭沫若的第一部诗集《女神》也作为"创造社丛书"之一登上了中国新诗的舞台。《女神》共有三辑：第一辑《女神之再生》《湘累》等取材于古代历史神话故事，并以诗剧的形式呈现，独具一格；第二辑多为激情澎湃之作，也最契合"五四"时代精神，展现诗人追求自我解放、张扬反叛与创造力、怀揣爱国主义激情等精神内核，《天狗》《地球，我的母亲！》《炉中煤——眷念祖国的情绪》等名篇皆出于此；第三辑收录了《别离》《春愁》等基调平缓、文风清丽的小诗。闻一多评价《女神》"不独喊出人人心中底热情来，而且喊出人人心中最神圣的一种热情"[2]，有别于新月派"理性节制情感"的美学原则，《女神》以诗人情绪的内在节奏，而非诗歌的格律节奏作为指引，从外在形式到内在情感，都突破了古典诗歌的藩篱，将现代新诗的自由体式推向前所未有的高度。《女神》中的意象包罗万千，由破坏到新生，展示出源源不断的生命动力。从自然界的太阳、大海等到人类文明的万里长城、金字塔甚至炸弹，从个体生命的生、死、力、破坏到人类精神世界的烦恼、悲哀、疯癫……连地球、宇宙都成为郭沫若诗意驰骋的空间，世间万物在他笔下幻化成一个交错运转又息息相关的整体，正如《凤凰涅槃》中"一切的一，更生了。一的一切，更生了。我们便是他，他们便是我。我中也有你，你中也有我"所展现的万物归一的灵动，在意象的转换中形成一种流动的气势，将《女神》的想象空间扩展到无限大，也在万事万物间形成一种自然的情感连接，演奏出浪漫抒情的诗风。

---

[1] 成仿吾：《新文学之使命》，载《成仿吾文集》，济南：山东大学出版社，1985，第91页。
[2] 闻一多：《〈女神〉之时代精神》，载《闻一多全集》第2卷，武汉：湖北人民出版社，1993，第117页。

《女神》几乎代表着郭沫若诗歌的最高成就,之后发表的《星空》《前茅》《恢复》虽有佳作,但褪去了郭沫若学生时代饱含理想色彩的浪漫激情,更多地表现出对社会现实的失望和理性的思考。从日本留学归国后,郭沫若深受马克思主义影响,加之广泛地接触了中国的黑暗现实,开始抛弃追求个性解放的自我意识,积极投身于大革命的时代洪流当中。1926年3月,郭沫若前往"革命策源地"广州,任中山大学文学院院长一职,但不久后便参加北伐。1927年"四·一二"事变后,郭沫若发表《请看今日之蒋介石》,揭露了蒋介石的叛国行径和破坏革命的阴谋,也因此被国民政府通缉。同年,他参加南昌起义并加入中国共产党。1928年初,郭沫若开始了十年流亡日本的生涯。在此期间,他翻译了大量马克思主义经典著作,并从事古文字研究,协助"左联"在东京设立分会,继续进行爱国主义活动,直至1937年7月秘密回国。

抗日战争与解放战争时期,郭沫若连续创作了《屈原》《棠棣之花》《虎符》等六部历史剧,与他早期戏剧《三个叛逆的女性》张扬的"五四"时代精神不同,这些剧作政治化程度较高,大都借古讽今,批判国民党卖国投降、反共分裂的丑恶行径,将文学推向大众视野,演出获得了热烈反响。

新中国成立以后,郭沫若身兼要职,他虽笔耕不辍,但更多是以高涨的政治热情投身于新中国的文化、教育等事业的建设当中,鲜有与新中国成立前相媲美的佳作。1978年6月,郭沫若病逝于北京,结束了他激情澎湃的一生。他的叛逆与激情,浪漫与深厚的爱国主义情怀,在祖国新生的裂变中,如凤凰涅槃一般,打下了深刻的时代烙印!

二、郭沫若的诗歌理论

在时代巨变的洪流中,在中西文化视野的交汇处,郭沫若的诗歌以高昂的姿态开拓了现代白话新诗的格局,从内容到形式的创新,都暗含着诗人独特的创作个性和艺术理念,丰富了新诗发展的多样性和可能性。

　　郭沫若早期的诗歌创作受泛神论影响较大。他在日本留学期间,从歌德的《诗与真》一书中接触到了泛神论,后来又系统阅读了斯宾诺莎的《论神学与政治》《伦理学》等理论书籍,在研究吸收的基础上,形成了自己独特的哲学观。泛神论是在中世纪欧洲神学走向没落之时,不再将上帝作为造物主,而是将存在于世间万物本身的自然规律视为神的一种哲学理念。它顺应了时代崇尚科学的潮流,以无神论的格调将作为人格神的上帝瓦解,把"神"重新定义为蕴含在万事万物中的自然法则。郭沫若则认为"泛神便是无神。一切的自然只是神的表现","我即是神,一切自然都是自我的表现"。[①] 在他看来,艺术是"灵魂与自然的结合"[②],人与自然是你中有我,我中有你的关系。基于这种"天人合一"的理解,他又把印度经典《奥义书》中宇宙与自我的哲思、老庄哲学的道法自然等等都当作是泛神论的体现。这有别于斯宾诺莎的理性态度,更加注重从"我"的感性姿态出发,凸显人与自然的共情,将自然看成是自我的表现,赋予自然以人类的生命和精神情感。在《地球,我的母亲!》一诗中,"雷霆是你呼吸的声威,雪雨是你血液的飞腾",地球成了拥有"呼吸"、"血液"的血肉之躯,化身为"我"的母亲,并且与"我"共有一个灵魂,正是这种泛神论思想的体现。在郭沫若的诗歌中,人的自我意识常常游走于自然,与自然情感相通、生命相连,变成了宇宙间无所不能的存在。这极大地扩充了诗歌的表现范围和想象空间。《夜步十里松原》中古松的树枝"一枝枝的手儿在空中战栗,我的一枝枝的神经纤维在身中战栗","我"与古松成为情感共振的生命共同体,正是体现了这种人与自然的生命情感连接。《立在地球边上放号》中"无限的太平洋提起他全身的力量来要把地球推倒","推"这一原本属于人类的动作被赋予了足以毁灭地球的神力,

---

[①] 郭沫若:《少年维特之烦恼·序引》,载《文艺论集》,北京:人民文学出版社,1979,第782页。
[②] 郭沫若:《文艺的生产过程》,载《文艺论集》,北京:人民文学出版社,1979,第101页。

诗人将自我作为"神"的化身呼风唤雨,借由自然之手展现对"力量"的独特想象。郭沫若生活在新旧交替的时代,而自然也始终处于万象更新的变动中,这种流动的状态与诗人的情绪形成共振,以"破坏"和"创造"的姿态,创造出一个个灵动奔涌的意象,掀起一层层浪漫激情的热浪,为诗歌营造出宏阔无边的抒情磁场。郭沫若笔下的夜化身为"贫富、贵贱、美恶、贤愚,一切乱根苦蒂的大熔炉"(《夜》),火是"热诚"、"雄浑"、"生动"、"自由"(《凤凰涅槃》),诗人的爱憎情绪随着自然的毁灭和新生被彻底释放,高调彰显了"五四"时代精神。

郭沫若认为:"诗的本职专在抒情"①,"以'自然流露'的为上乘"②。他主张诗歌创作是一种像水满溢出一样自然而然的事情,重在展示诗人内在的精神情感世界,往往以抒情主人公的姿态,表现自我追求个性解放、精神自由的内在本质。在他的创作中,常以第一人称"我"的形式直接抒情:"梅花呀!梅花呀!我赞美你!我赞美我自己!我赞美这自我表现的全宇宙的本体!"(《梅花树下醉歌》)。作为创造社的领军人物,郭沫若将该派注重自我表现的浪漫主义理想倾注在诗歌创作上,以极大的热忱激荡着时代麻木的神经,充分肯定自我的价值。诗人以主观感性的态度,控诉着长期以来被封建统治压抑的人性,宣扬自我崇拜,将所思所想插上抒情的翅膀,冲出身体的牢笼,由内向外吼出宇宙最强音!

郭沫若用一个公式来概括他的诗歌本体观:"诗=(直觉+情调+想象)+(适当的文字)。"③他这样阐述:"我想诗人底心境譬如一湾清澄的海水,便静止着像一张明镜,宇宙万汇底印象都涵映着在里面。这风便是所谓直觉,灵感(Inspiration),这起了的波浪便是高涨着的情调。这活动着的印象便是徂徕着的想象。这些东西,我想来便是诗底本体,只要把它写了出来的时

---

① 郭沫若、宗白华、田寿昌(田汉):《三叶集》,上海:亚东图书馆,1920,第145页。
② 郭沫若、宗白华、田寿昌(田汉):《三叶集》,上海:亚东图书馆,1920,第45页。
③ 郭沫若、宗白华、田寿昌(田汉):《三叶集》,上海:亚东图书馆,1920,第8页。

候,它就体相兼备。"①这里郭沫若特别注重"神来之笔",在宇宙万物所构建的宏阔诗绪中,由灵感掀起高涨的情绪和奇异的想象画面,使他的作品看起来浑然天成,无法复刻又力量无穷。《天狗》中"我在我神经上飞跑,我在我脊髓上飞跑,我在我脑筋上飞跑",诗人的灵感涌动全身,爆发出光速的激情,以奇巧的想象画面,精准地展现出自我革新的"迫切感",释放奔流不息的精神动力!

郭沫若在诗歌的形式上主张"绝端的自由,绝端的自主"②。作为"五四"时代精神的践行者,他的诗歌不仅在内容上追求自由与个性解放,在形式上也实现了自由的飞跃。长短不一的句式、自由松散的外观、随性的押韵方式取代了形式固定、格律严谨的旧体诗风。"抒情"作为诗歌的第一要义,挣脱了固定形式的束缚,取得了最大程度的表达自由,他的诗集《女神》就是这种自由体式的最佳典范。与此同时,自由并不意味着散漫无章,郭沫若认为"情绪的世界便是一个波动的世界,节奏的世界"③,"这儿虽没有一定的外形的韵律,但在自体是有节奏的"④。诗人的情绪在高低起伏中形成情感表达的抑扬顿挫,造就了诗歌内在的情绪节奏,辅之以随性的押韵、排比、复沓等非固定的外在韵律,使诗歌在自由的形式中又达到了相对的和谐。"我崇拜创造的精神,崇拜力,崇拜血,崇拜心脏;我崇拜炸弹,崇拜悲哀,崇拜破坏"(《我是个偶像崇拜者》),这里诗人的情绪随着内容挺进不断地叠加升温,为诗歌营造出一种渐进式的内在情绪节奏,加上排比的句式渲染气势,将"我"由一个"偶像崇拜者"的身份转向"偶像破坏者",以叛逆的姿态到达情绪的沸点。

---

① 郭沫若、宗白华、田寿昌(田汉):《三叶集》,上海:亚东图书馆,1920,第7页。
② 郭沫若:《论诗三札》,载《文艺论集》,北京:人民文学出版社,1979,第216—217页。
③ 郭沫若:《文学的本质》,载《文艺论集》,北京:人民文学出版社,1979,第224页。
④ 郭沫若:《论节奏》,载《文艺论集》,北京:人民文学出版社,1979,第236页。

三、郭沫若诗歌导读

天狗

我是一条天狗呀!

我把月来吞了,

我把日来吞了,

我把一切的星球来吞了,

我把全宇宙来吞了。

我便是我了!

我是月底光,

我是日底光,

我是一切星球底光,

我是 X 光线底光,

我是全宇宙底 Energy 底总量!

我飞奔,

我狂叫,

我燃烧。

我如烈火一样地燃烧!

我如大海一样地狂叫!

我如电气一样地飞跑!

我飞跑,

我飞跑,

我飞跑,

我剥我的皮,

我食我的肉,

我吸我的血,

我啮我的心肝，

我在我神经上飞跑，

我在我脊髓上飞跑，

我在我脑筋上飞跑。

我便是我呀！

我的我要爆了！

1920年2月初作

（原载1920年2月7日《时事新报·学灯》）

《天狗》创作于郭沫若在日本留学期间，诗人广泛地接触了西方文艺思想，长期以来被封建文化所压抑的人性开始躁动，自我意识逐渐觉醒。恰逢祖国"五四"运动的热风吹到了日本，猛烈地撞击着诗人渴望自由与个性解放的心灵，《天狗》便应运而生了。

在中国古代民间的神话传说中，有天狗食月的说法，《山海经》中对此也有记载。郭沫若在他的小说《月蚀》中也提到，在四川老家，每当日月蚀都有驱赶天狗以保全日月的风俗。在原始的自然崇拜中，日月在人们的心目中是神圣不可侵犯的，那么吞食日月的天狗，也自然成了人们心生畏惧与厌恶的对象。正是这种"畏惧与厌恶"，契合了诗人与旧世界为敌，以反叛的姿态张扬自我的内在精神实质。诗人从现有的黑暗世界出发，创造出一个与之完全对立的"天狗"形象，吞食宇宙，爆裂新生，以奇特的想象和狂放的态度彰显"五四"时代精神。

全诗每一句都以抒情主人公"我"的姿态高调开场，创造出一个个洋溢着浪漫激情、陌生而新奇的画面。第一节诗人以天狗自喻，像发疯一般将世间万物都吞入自己体内，以"吞"的急迫感展现出一种暴烈癫狂的性格。诗人自己也承认："我在那时差不多是狂了。"[①]诗人长期压抑苦闷的情绪，在"五四"个性解放的

---

① 郭沫若：《我的作诗的经过》，载《沫若文集》第八卷，北京：人民文学出版社，1958，第143页。

洪流中被彻底释放了出来,借助"天狗"这一形象进行强力的自我表现。天狗所吞的万物也在诗人的精心设计下由小到大依次排列:月亮、太阳、一切的星球、宇宙,视觉上的想象画面逐渐膨胀直至宇宙的边界,给人以无穷无尽的空间震撼感,并以此契合诗人渐强的内在情绪节奏。诗人的主体意识越来越强烈,世间万物皆在"我"的体内,因而"我便是我了!",这里"我"以强势入侵的姿态成为了可以主宰世间万物的存在。

第二节诗人进一步以"光"积蓄能量,蓄势待发,"我"拥有了足以摧毁一切的力量。从冷色调的月光,到暖色调的日光,再到璀璨的星球之光,甚至是物理学上可以穿透生命体的 X 光,急遽升温的涌动画面与诗人越发狂热的情感合为一体,在宇宙间形成一种强力的旋涡,以翻江倒海之势展示着自我的力量!极其夸张的想象画面在诗人极富层次的渲染中也变得具象而清晰。

从第三节开始,吞纳世间万物、拥有无穷力量的"我"开始向内吞食自己,展示着破坏的力量,在自我毁灭的痛苦中裂变。"我飞奔,我狂叫,我燃烧。"诗人以极端自由的状态释放巨大的能量,烈火燃烧的声音、大海呼啸的声音、电气轰鸣的声音掀起一层层情绪的热浪,制造出震动天地的音响效果。诗人急切地从自我觉醒的内心发出振聋发聩的呐喊!从"飞奔"到"飞跑"这一速度的转换,诗人将画面由远拉近,由宏阔的外部世界转入到微观的内在世界,速度放缓,由外向内撕裂自我。"剥""食""吸""啮"四个动作给人以暴力血腥的感受,紧接着进入到体内的"神经""脊髓""脑筋",诗人热血沸腾的情绪游走于全身。肉体的疼痛和神经的癫狂使"我"的承受能力已接近极限。在扭曲的画面中,诗人以自我摧毁的方式反叛黑暗的现实,进行自我革新。郭沫若生活在新旧交替的时代,在封建体制中成长的他,身上难免携带了旧社会的文化基因,想要实现新生,必须将自我身上的"旧疾"连根拔除,这必定会给他带来巨大的痛苦。诗人以"天狗"触目惊心的自残行为展现了这种痛苦,同时也以飞跑的气势,坚定着自我革新的决心!

第四节"我"在毁灭中期待新生。"我便是我呀！"再次肯定了自我，与第一节"我便是我了！"遥相呼应。只是这里的"我"，情绪更为复杂。第一节展现出崇尚自我、肯定自我的张狂气势。第四节中的"我"经历了自我反省的阶段，诗人不再满足于高枕理想的温床，更加能认清现实与自我的弊病，一面是摧毁旧世界、自我革新的痛苦，一面是摧毁旧世界、自我革新的迫切愿望，诗人再也无法承受这种两极挣扎的癫狂状态，因此"我的我要爆了！"。在诗人情感最狂热、精神最紧绷的时候，全诗突然终止，他并没有将被"我"破坏后的世界展现出来，而是将诗歌停留在将要燃爆的那一瞬间，保持了全诗风驰电掣的"动"感，将全诗锁定在叛逆情绪的热浪中，给诗歌以留白的美感和直指未来的想象空间。

《天狗》通篇运用排比，制造出一种强烈而急促的节奏，更好地烘托了诗人狂放的情绪。长短不一的句式、段落实现了诗体自由，为诗歌创造出一种流动的外观，呼应着全诗自由奔放的气势，同时也是诗人追求"五四"自由精神的外化体现。不规则的押韵，将诗人天马行空的想象凝聚成一股强劲的力量，助长了全诗抒情的气焰，也实现了诗歌大体上的音韵和谐。

全诗始终处于动态的情境中，以摧枯拉朽的气势、令人叹为观止的想象力展现着诗人叛逆的个性和自我革新的精神力量。从某种程度上来说，《天狗》就是郭沫若在"五四"时期内在精神世界的自我表现。"X光""电气"等意象的产生，透露出诗人对现代文明的崇尚与渴望，反之则是对旧时代的憎恶与破坏！诗人将叛逆的自我意识安放在躁动的天狗体内，在自我毁灭中浴火重生！

炉中煤——眷念祖国的情绪

啊，我年青的女郎！
我不辜负你的殷勤，
你也不要辜负了我的思量。

　　　　　　我为我心爱的人儿
燃到了这般模样！

　　　　　　啊，我年青的女郎！
　　　　　　你该知道了我的前身？
　　　　　　你该不嫌我黑奴卤莽？
　　　　　　要我这黑奴的胸中，
　　　　　　才有火一样的心肠。

　　　　　　啊，我年青的女郎！
　　　　　　我想我的前身
　　　　　　原本是有用的栋梁，
　　　　　　我活埋在地底多年，
　　　　　　到今朝总得重见天光。

　　　　　　啊，我年青的女郎！
　　　　　　我自从重见天光，
　　　　　　我常常思念我的故乡，
　　　　　　我为我心爱的人儿
　　　　　　燃到了这般模样！

　　　　　　　　　　1920年1、2月间作

（原载1920年2月3日《时事新报·学灯》）

　　郭沫若在创作这首诗歌的时候，广袤的中国大地正在经历着满目疮痍的寒冬，"五四"新文化运动的爆发，像一团炉火温暖着远在异国他乡求学的游子们。郭沫若曾说："我们在日本留学，读的是西洋书，受的是东洋气。"[①] 与他同为创造社成员的郁达夫，也在小说《沉沦》中大胆地暴露自己在种族歧视中自卑又扭曲的心理，急切盼望着祖国强大的那一天早日到来。在饱受

---

① 郭沫若：《郭沫若致宗白华》，载《郭沫若全集》15卷，北京：人民文学出版社，1990，第140页。

屈辱与歧视中艰难度日的海外学子，无一不是抱着西学东渐、中华民族早日崛起的远大志向，在夹缝中艰难求生。爱国主义热情成为他们坚持不懈的动力之源，也是诗人创作这首诗歌的动机。

在中国古典诗歌中，就有借"煤"言志，抒发爱国主义情感的佳作。"但愿苍生俱饱暖，不辞辛苦出山林。"于谦的这首《咏煤炭》正是以"煤"言志，表达了他舍己为国的爱国主义情怀。郭沫若笔下的咏"煤"，虽然同样是以煤炭书写爱国主义情怀，但是却别出心裁，将祖国比作"年青的女郎"，以爱情告白的形式催生出诗歌浪漫抒情的节奏。

"五四"新文化运动的爆发，使历经劫难的中国重新焕发出生机与活力，特别是在广大的知识分子心中，燃起了中华重生的希望之火。这种时代革新的活力与热情，激荡着诗人的创作灵感，"年青的女郎"这一"五四"以来中国化身的形象跃然纸上。全诗共分四节，诗人用"炉中煤"自比，以抒情主人公"我"的姿态，讲述了"煤"的前世今生，用比兴的手法，赋予"煤"以人的恋爱体验，借以抒发他对祖国强烈而忠贞的热爱之情。

第一节诗人将"我"渴望与"年青的女郎"热恋的心思细腻地表达了出来，奠定了全诗浪漫抒情的基调。这里"我"的爱意像一团烈火，然而炉中煤究竟燃到了哪般模样，诗人却没有具体地描述出来。这燃烧的火焰是热烈甜蜜，还是闪烁不安？是越发旺盛，还是即将燃尽？这种不确定性引发了读者的好奇心，也使诗歌在留白中走进了浪漫的想象空间。第二节诗人假借恋爱中的自卑情结，用两个疑问句揣度"年青的女郎"的心思，实则由煤炭的黑色联想到肤色黝黑的黑奴，以此表达自身在卑微中自我坚守的情操。身为知识分子的诗人，在半殖民地半封建社会的中国毫无用武之地，在日本留学也饱受歧视，这种卑微的边缘人状态，并没有让诗人放弃自己振兴中华的远大理想，反而更加坚定了他心中火一样的热忱！第三节诗人从自卑的情绪中解放出来，将自我的前世今生娓娓道来。煤是由树木埋藏在地底长期沉积转化而来的，这与诗人的经历不谋而合。郭沫若自幼博学多才，可以算是国家的栋梁之才，然而黑暗压抑的社会却使他报国无门，只能像煤一样深埋在地底，默默地积蓄能量等待时机。这个时机正是"五四"新文化运动的爆发，诗人沉寂已久的爱国主义热情被唤醒，远大理想也有了实现的机会。第四节诗人直抒胸臆，将思恋的对象回归到"故乡"这一本体上来，展现出浓厚的爱国主义情结。

这首诗歌在外观上相对整齐，押韵也比较规律。每一节都以"啊，我年青的女郎！"开头，为诗歌创造出一种渐进的层次，渲染着诗人内在情绪的律动——仿佛将心爱的人儿投进心底的柔波，泛起一层层令人心动的涟漪。这种浪漫激情的感觉，直到诗歌结束，依然回荡在脑中，让人为之振奋！全诗首尾两节都以"我为我心爱的人儿，燃到了这般模样！"结束，诗人在循环往复中，将眷念祖国的情绪升至沸点。相比郭沫若那些自由松散、格调狂放的诗歌，本诗并未凸显强烈的速度感，而是以更为柔软浪漫的基调、相对匀齐的格律，有别于他那些过于欧化的诗歌，显得清新自然，更符合东方的审美。

全诗"炉"这一意象仅在标题中出现，为"煤"的燃烧这一动态形象提供了一个载体，虽然"炉"的形象我们无从得知，但是作为大众所熟悉的意象，它出现在人们日常生活中，为本诗斩获了更为广泛的阅读群体。诗人将更多的精力放在"煤"的动态演变上，每一节所展现的情境都不仅仅是诗人的自喻，而是能在不同群体间引发共鸣的巧思。热恋中的人、在屈辱中等待光明的人、备受冷落的有志青年乃至生活在水深火热中的广大中华儿女，都能在诗人充满浪漫激情的书写中与之共情。副标题"眷念祖国的情绪"在"五四"特定的时代背景下，更能点燃广大读者的爱国情结。但是，如果从诗歌本身的艺术魅力出发，它限定了诗歌的抒情对象，使诗歌失去了在意象的不确定性中走向丰富的可能性。

我是个偶像崇拜者

我是个偶像崇拜者哟！

我崇拜太阳,崇拜山岳,崇拜海洋；

我崇拜水,崇拜火,崇拜火山,崇拜伟大的江河；

我崇拜生,崇拜死,崇拜光明,崇拜黑夜；

我崇拜苏彝士、巴拿马、万里长城、金字塔；

我崇拜创造的精神,崇拜力,崇拜血,崇拜心脏；

我崇拜炸弹,崇拜悲哀,崇拜破坏；

我崇拜偶像破坏者,崇拜我！

我又是个偶像破坏者哟！

1920年5、6月间作

(原载1921年2月14日《时事新报·学灯》)

"偶像在人类历史上一直以各种形式存在着,偶像崇拜经历了一个从远古时代的以物为崇拜对象的自然崇拜、图腾崇拜,到奴隶制社会和封建社会以人为对象的祖先崇拜、圣人崇拜、帝王崇拜,以及近现代的英雄崇拜、杰出人物崇拜、娱体明星崇拜的过程。"[①]郭沫若在创作这首诗歌的时候,中国正处在混乱纷杂的时代——一方面,西方文明凭借船坚炮利强势入侵了中国；另一方面,封建礼教的精神枷锁仍牢牢地禁锢着中国。在这混乱的时代中,缺乏一个能真正引领中国披荆斩棘、走向新生的时代偶像。随着封建王朝的解体,君王崇拜早已黯然失色。"五四"时代的到来,重塑自我、寻找时代新偶像的呼声愈演愈烈。在这样的契机下,诗人以觉醒者的姿态,从流淌在历史长河中的各种偶像身上博采众长,在中西方文明开阔的视野中,重新定义偶像。

全诗以第一人称"我"贯穿始终,张扬自我的主体地位,显示着"五四"时代精神,创造出如洪水般一泻千里的恢弘气势。一气呵成的排比句式散发着奔涌的激情,强劲的节奏像一支无坚

[①] 尹金凤:《偶像崇拜与中华民族传统道德生活》,《伦理学研究》2010年第2期,第115页。

不摧的军队。诗人带着他对格律和意境美的强力破坏,在不强求押韵、意象高度密集的诗篇里实现了诗体自由和表达自由。

诗人不再以蔚为壮观的想象堆砌画面,而是从大自然和人类文明的历史长河中选取意象,层层推进地展现出时代气息。诗人开篇以偶像崇拜者的身份点题,以"我"崇拜的高昂姿态展开叙述。"太阳"、"山岳"、"海洋"展现着大自然的广阔天地,是人类视线范围内天空、陆地和海洋最为壮观的自然存在。同时,它们也是隐藏着巨大能量、孕育生机的所在。诗人以这三个意象作为开场,设定了雄壮宏伟的偶像气质,展现出对原始大自然的崇拜。接下来的"水"、"火"都是都是大自然中的元素,也是孕育人类文明的起点。"水"流经了古巴比伦、古印度、古埃及和中国,成就了四大文明古国。"火"走进了人类的日常生活,为人类带来了光明、温暖、烤制的食物和冶炼的技术等等。"火山"、"江河"更是以动态的形象展现出大自然生生不息的活力。"生"与"死"、"光明"与"黑夜"都以交替的姿态,呈现出大自然的生命规律、运动轨迹,使诗歌承载了自然的哲思,焕发出无穷的力量感。

"苏彝士"、"巴拿马"、"万里长城"、"金字塔"这些属于人类文明奇观的意象,延续了雄壮宏伟的偶像气质,与大自然中的山川河流相媲美。诗人进一步将这种偶像气质浓缩为对"创造的精神"、"力"、"血"、"心脏"的崇拜。人类以血肉之躯和充满创造力的头脑,在大自然中创造出人工运河与伟大的建筑,在对自然的加工再造中,展现出振奋人心的力量!郭沫若在不久后创作的另一首诗歌——《金字塔》中进一步高喊:"创造哟!创造哟!努力创造哟!人们创造力的权威可与神祇比伍!不信请看我,看我这雄伟的巨制吧!"这里"力"与"创造"的精神,已经转化为诗人的人格,展现着诗人崇高的自我形象。本诗正是在"我"崇拜的事物中,提炼诗人对自我形象期待的特质,借由"我"崇拜偶像的行为,表达"我"对自我的崇拜!

在展示了人类文明的创造力之后,诗人继续以敏锐的目光展现了人类文明的破坏力,并对此心生崇拜。"炸弹"、"悲哀"、

"破坏"这些意象让人联想到战争,它们原本的含义并不值得称赞。在诗人生活的年代,帝国主义的炸弹落在中国的土地上,殖民与屈辱形成了强力的破坏,成为每一个中华儿女挥之不去的悲哀。但将这些意象放置在特定的历史环境中,则给人以新生的振奋感。譬如辛亥革命的胜利、"五四"运动的爆发等等,这些变革像是强力的"炸弹",对封建主义、帝国主义造成极大的破坏,是黑暗腐朽的旧中国的悲哀,也是在暴力革命中走向重生的新中国的喜悦!诗人显然是站在了喜悦与崇拜的这一方,崇尚反叛的精神,对旧时代的破坏,必定使旧时代的偶像退出历史舞台!诗人站在"五四"的时间节点上,释放被压抑的人性,不再为旧时代的偶像君王而活,而是要活出自我——反对帝王崇拜、追求个性解放,将"我"塑造成自己的偶像。"诗人的高大自我形象具有强烈的时代色彩、民族色彩与独具的人格和气质。它本身就是东西文化传统撞击中拔地而起的现代觉醒者美的化身。"①因此,诗人高喊:"我崇拜偶像破坏者,崇拜我!"。

诗歌结尾"我"由"偶像崇拜者"的角色变成了"偶像破坏者"。"我"是"五四"以来新青年形象的化身,"我"以"偶像破坏者"的身份成为时代的新偶像!诗人在对旧有偶像的审视中吸取精华,将力与美、创造与破坏、反叛与革新等特质打造成自己的偶像气质。同时,诗人又对偶像保持着警惕,不盲从偶像——"我"在不断地革新与创造中,以偶像破坏者的姿态重新定义偶像。只有这样的特质,才真正符合诗歌标题中"偶像"的定义,才值得"我"崇拜,才能让"我"在不断地自我革新中成为时代的新偶像!

---

① 孙玉石:《〈女神〉艺术美的获得与失落》,载《中国现代诗歌艺术》,北京:人民文学出版社,1992,第165页。

第三节 郁达夫小说导读

一、时代的觉醒者

郁达夫(1896—1945)原名郁文,字达夫,浙江富阳人。他自幼家贫但天资聪颖,七岁入私塾,九岁便能赋诗,一生精通五门外语。1913年,郁达夫随长兄赴日本留学,先后学习了医学、政法、经济,但他最感兴趣的还是文学。在此期间,郁达夫阅读了大量中外文学名著,并开始小说创作。1921年,他与郭沫若等人组建创造社,开始在《创造》等刊物担任编辑工作。同年10月,出版现代文学史上第一部白话短篇小说集《沉沦》,以觉醒者的姿态抒写内心苦闷,向时代和封建礼教宣战,奠定了他在新文学运动中的重要地位。1922年从日本回国后,郁达夫除了从事文学创作和编辑工作以外,还积极参与各项进步活动,加入"左联"。抗日战争爆发后,他积极投身于救亡运动,于1945年被日本宪兵秘密杀害于南洋,结束了他爱国热血的一生。

二、"自叙传"式的抒情风格

郁达夫精通古典诗词,在文学理论、散文游记、翻译等方面都有所建树,但他的创作中,成就最高的还是小说。他的第一部短篇小说集《沉沦》,虽然只有三篇——《银灰色的死》《南迁》《沉沦》,但却集中体现了"五四"时代青年内心的苦闷与挣扎,显示出"自叙传"式的抒情风格。

"文学作品,都是作家的自叙传。"[1]郁达夫的这一说法,虽有

---

[1] 郁达夫:《过去集·五六年来创作生活的回顾》,载《郁达夫文集》第5卷,杭州:浙江文艺出版社,1992,第340—341页。

偏颇,却不失为他创作风格的一种形象的概括。小说集《沉沦》中三篇小说的主人公,都以留学生的身份展现在读者眼前,他们性格相似,苦闷同源。他们都身处异国他乡,精神脆弱而敏感,性格孤僻而自卑,愤世嫉俗却只能孤芳自怜。在情爱方面,他们都渴望女性的爱慕,却在自卑心理的驱使下走向病态扭曲。小说的结尾,三位主人公的结局也都以悲剧收场。《银灰色的死》中Y君在醉生梦死中离世,《南迁》中伊人在孤独与病痛中饱受折磨,《沉沦》中的"他"在绝望和无助中跳海自杀。这里,郁达夫将人物内心的苦闷进行了深度解剖,借由小说人物的遭际来暗合自身在日本留学的经历,使小说充满了自叙传的色彩。

郁达夫将自我在污浊社会中压抑的形象,以心理描写的形式在小说中刻画出来,不惜大胆暴露自我内心因社会挤压而扭曲变态的一面,以"自叙传"式的抒情风格,为时代中苦闷压抑的灵魂发声。《烟影》中的文朴,在战乱中颠沛流离,遭受冷眼,灵魂没有栖息的地方。《茫茫夜》中的于质夫,诅咒黑暗的时代却无力与之抗衡,沦落到靠酒精、女色来麻痹自己的神经,但却未能奏效,换来的是更清醒的痛觉和更深的沉沦……这些正是郁达夫内在精神气质的写照。

郁达夫"自叙传"的风格受到了19世纪欧洲浪漫主义的影响,但更直接的影响,是日本的"私小说"。将个人私生活和隐秘的心理,尤其是性心理大胆暴露出来,是日本"私小说"的主要特点。郁达夫将"私小说"的心理描写机制引入自己的小说中,却不拘囿于生活的琐碎,而是放眼时代,借用"私小说"的模式,大胆剖析自我的内心世界,向封建礼教全面宣战,以揭秘和审丑的方式表达人性的苦闷,在典型形象中探索时代共性,开拓了"私小说"原有的格局。

三、"零余者"形象

在郁达夫的小说里,随处可见"零余者"的身影。《沉沦》中那个离群索居的"他",《落日》中的失业青年,《春风沉醉的晚上》中的"我",《杨梅烧酒》中失业的留学生……这些人物无一例外,都是处在社会边缘的小人物,无力把握自身命运,在时代的挤压下处境尴尬的知识分子。他们的理想被现实击碎,报国无门,穷困潦倒,是一群被挤压出社会的"零余者"。

"零余者"的原型源自19世纪的俄国文学。在屠格涅夫的小说《多余人日记》中,就写到了"多余人"的形象,他们也是一群知识分子,憎恶俄国当时罪恶的农奴制度,有着改变社会的强烈愿望,却无法融入时代和大众,最后只能整日泡在沙龙里空谈理想,日渐颓废,沦为时代的"多余人"。这一原型与中国当时青年一代的处境不谋而合。因此,郁达夫将"零余者"的形象展示在现代文坛上,将知识分子尤其是"五四"时期知识青年的精神困境和盘托出,同时也显示了他对时代和自身命运的深刻思考。

四、浪漫感伤的情调

郁达夫生于风雨飘摇的中国,在古典文化的氛围中,熏陶出"以天下为己任"的仕者情怀,又在东渡日本留学的经历中,体会了"弱国子民"的羞耻与屈辱。他把自己天才般的孤傲、敏感自卑的心理、忧郁苦闷的气质融入小说,创造出浪漫感伤的情调。

首先,大量的内心独白和心理描写,展示了郁达夫浪漫感伤的内心世界。《零余者》中"我"感叹自己确实是社会的无用之人,《沉沦》中"我"感伤于自我的沉沦。其次,在景物描写中渲染浪漫感伤的氛围。《零余者》中苍凉的暮色,《还乡记》中如电影般穿梭变幻的自然景色,都在自我抒情的氛围中叙写着浪漫与感伤。第三,弥漫着浪漫感伤的小说题目。《感伤的行旅》《银灰色的死》《血泪》《沉沦》《薄奠》等小说的标题,无不透露着悲凉凄婉的情绪。最后,借酒消愁的情节,使得"借酒消愁愁更愁"。《银灰色的死》中Y君借酒消愁,追忆亡妻,排解乡愁和寂寞,酒成了他的精神鸦片,最终也带走了他的生命。《杨梅烧酒》《血泪》《秋柳》《沉沦》等小说中喝酒的情节,也都铺陈着浓浓的感伤基调。

五、短篇小说《沉沦》导读

《沉沦》为读者塑造了一个天资聪颖、敏感孤僻、自卑病态的留学生形象。小说通过大量的内心独白,还原了"他"第一人称的视角,让我们看到一个在"支那人"处境中的中国青年,如何在饱受歧视的心态中,一步步走向沉沦的心路历程。

(一)"零余者"的心路历程

小说主人公留学日本,却在异国他乡感受到了前所未有的侮辱与歧视。他的毁灭与其说是来自外部的摧毁,不如说是源于内心深深的自卑。身为"弱国子民"的他,在日本总是觉得低人一等,渐渐地丧失了自信,变得敏感而自卑,羞于与日本同学交友,又不屑与中国同学为伍,最后只能躲进大自然的怀抱中暗自神伤。他渴望爱情,但因为"支那人"的身份,只能靠幻想和自慰来满足自己,心理日渐扭曲,最后沦落到狎妓的地步。在亲情方面,他也将大哥视为仇敌,彻底断交。友情、亲情、爱情的幻灭,导致他精神世界的自我封闭,彻底沦为"零余者"。他的心路历程,经历了渴望—追寻—幻灭—沉沦四个阶段。

(二)病态情欲

小说中有很多对主人公病态情欲的描写。比如偷看旅馆主人的女儿洗澡,偷听男女幽会,在酒精的作用下狎妓,等等。这一方面是作者受到了当时日本流行的"私小说"的影响,大胆暴露变态情欲,更重要的是这体现出作者对性苦闷的探索。中国封建礼教保守压抑的性态度和日本相对开放的性态度形成强烈的反差,在压抑的性文化心理的制约下,主人公一方面想跨越畸形的封建礼教,另一方面又因为自己出格的行为而感到羞愧。

郁达夫将性苦闷中真实的矛盾心态展露出来,发人深省。

(三)景色与情绪表达

首先,《沉沦》中的景色描写,总是能与主人公的情绪发生共振。从小说开头草木都向着他微笑,到小说结尾海面铺出一条淡青色的路,作者将一个青年从满怀朝气到走向死亡的情绪转折融入其中,做到了情景交融。其次,《沉沦》中的景色,有着治愈情绪的作用。小说开篇就直言大自然是他的避难所,随后他每一次的精神焦虑和逃亡,都是向着自然更深处迁移。最后,《沉沦》中景色的色彩表达,渲染了小说浪漫感伤的情绪。紫色的气息如梦一般浪漫美妙,淡青色的路渲染了主人公投海自戕的感伤氛围。

(四)悲剧根源

《沉沦》中主人公悲剧的根源,是不断逼近他的道德焦虑。正是因为受到了虚伪的封建伦理道德的胁迫,主人公才会在一次次的选择中不能正视自己的问题,走向更深的精神崩溃。直到最后,他还发出期待祖国富强的热烈期盼,在反帝爱国的呐喊中,结束了他"零余者"的一生。

【思考与讨论】

一、请同学们结合"创造社"的文学主张,谈谈你对创造社的认识。

二、请同学们结合诗集《女神》,讨论郭沫若自由体新诗的特点。

三、请同学们回顾看过的文学作品,谈谈有哪些形象与"零余者"相似。

第三章 新月派作家作品导读

第一节 新月派与"三美"理论

"五四"以来的新诗运动从诗歌的形式突破,不拘格律,但是形式上的散文化,内容上的平白,造成诗歌缺乏丰富的艺术想象力,具有明显的非诗化倾向,这受到了创造社的挑战。创造社反复强调诗的抒情本质,把情感与想象作为诗歌的基本要素,郭沫若则以"绝端的自由,绝端的自主"彻底冲破了传统诗歌的形式,充满艺术想象力。而此时诗坛"迫切需要出现形式与内容严格结合和统一,可供学习、足资范例的新诗作品,确立新的艺术形式与美学原则,使新诗走向规范化的道路"[①]。自此,以闻一多、徐志摩为代表的新月诗派走上新诗体的探索之路,为确立新诗的艺术形式和美学原则,提出了新格律诗创作的"理性节制情感"的美学原则和"三美"理论。

一、新月派

新月派作为一个重要的文学团体和诗歌流派,它的形成与发展经历了三个时期——新月社时期、《晨报副刊·诗镌》时期、《新月》与《诗刊》时期,并以 1927 年为界分为前期新月派与后期

---

① 钱理群、温儒敏、吴福辉:《中国现代文学三十年(修订本)》,北京:北京大学出版社,2018,第 112 页。

新月派。

第一，前期新月派：新月社时期、《晨报副刊·诗镌》时期。

1923年至1925年的新月社时期以徐志摩等为主力，1923年成立的新月社，受泰戈尔的《新月》诗集影响而命名，吸引了大批来自各界的文学和诗歌爱好者，主要有胡适、林徽因、梁启超、丁燮林、冯友兰、闻一多、梁实秋等。

1926年的《晨报副刊·诗镌》时期以徐志摩、闻一多、蹇先艾等为主力展开新诗理论研究与创作探索。1926年4月，徐志摩在《诗刊弁言》中指出："专载创作的新诗与关于诗或诗学的批评或研究文章。"①在这一号召下，《晨报副刊·诗镌》发表了徐志摩的《梅雪争春》、闻一多的《死水》、蹇先艾的《春晓》、朱湘的《昭君出塞》等80余首诗歌，同时还发表了闻一多的《诗的格律》、饶孟侃的《论新诗的音节》、余上沅的《论诗剧》等新诗理论研究论文。这一时期闻一多的《诗的格律》为新月派诗歌理论体系的建立奠定了基础。

第二，后期新月派：《新月》与《诗刊》时期。

1927年，因北伐战争等原因，新月派成员多数南迁至上海，在此创办新月书店。1928年徐志摩、闻一多、饶孟侃等创办《新月》月刊，到1933年6月停刊，共出刊43期，发表了大量的文学作品。徐志摩在离开《新月》后，始终坚持对文学尤其是诗歌的追求，与陈梦家、方玮德等年轻诗人经过一年的筹备，1931年创办《诗刊》（季刊），陆续发表了《奇迹》（闻一多）、《弃儿》（饶孟侃）、《情愿》（林徽因）、《噩梦》（卞之琳）等诗歌，同时针对新诗的形式试验、创作题材、西方诗歌的特点等方面展开讨论，得到了诗人们的积极响应。1939年11月，《诗刊》随徐志摩的逝世而终刊。

从1923年新月社的成立到1933年《新月》终刊，新月派历经十年的时间，不仅创作了如闻一多的《死水》、徐志摩的《志摩的

---

① 徐志摩：《诗刊弁言》，《晨报副刊·诗镌》，1926年4月1日。

诗》、朱湘的《夏天》《草莽集》《石门集》等众多具有影响力的诗集,还阐释了"理性节制感情"的美学原则、"新诗规律化"的主张和"三美"理论,对新诗的发展起到了推动作用。

二、"三美"理论

新月派尤其是前期新月派,一直致力于探索如何"使诗的内容及形式双方表现出美的力量,成为一种完美的艺术"①,就此提出了"理性节制情感"和新诗格律化的主张,大力追求诗美。在新月派诗人中,闻一多的《诗的格律》、饶孟侃的《新诗的音节》《再谈新诗的音节》、陈梦家的《新月诗选序言》等对新格律诗进行了系统的论述。

新月派并不认同郭沫若等创造社诗人"过于欧化"、情感过分泛滥和不加节制直抒胸臆的抒情方式,主张要恢复对"旧文学底信仰",并要了解绝对的美的"东方文化",在"旧的基石上建设新的房屋",写"中国的诗"。② 就此,新月派提出理性节制情感的美学原则,闻一多也在《诗的格律》中指出中国的诗历来是"没有脱离过格律和节奏的","诗的所以能激发情感,完全在它的节奏;节奏便是格律",诗歌"不当废除格律",相反应当把格律当作诗歌表现的利器,"越是要戴着脚镣跳舞才跳得痛快,跳得好"。③

为真正创立具有"中国式美"的新诗,闻一多提出了"新诗格律化"的主张,倡导新诗的创作要走格律化的道路。他在借鉴西洋与中国传统格律基础上,根据现代汉语的特点进行创作,进而提出了新诗创作的"三美"原则,即音乐的美(音节),绘画的美(辞藻),建筑的美(节的匀称和均齐)。

音乐的美,主要是注重把握诗的格式、音尺、平仄和韵脚,达

---

① 于庚虞:《志摩的诗》,《晨报·学园》,1931 年 12 月 9 日。
② 闻一多:《女神之地方色彩》,载姜涛主编《中国新诗总论 1 1891—1937》. 银川:宁夏人民教育出版社,2019,第 216—220 页。
③ 闻一多:《诗的格律》,载姜涛主编《中国新诗总论 1 1891—1937》. 银川:宁夏人民教育出版社,2019,第 254—255 页。

到音节和韵脚的和谐。闻一多将中国古典诗词的"顿"和西方十四行体的"音步"相融合,根据现代汉语的特点开创性地提出由音节组合而成的"音尺"。要实现新诗的音乐美,每行诗中音节和音尺的排列格式就要有规律,一行诗中音尺的排列可以不固定,但是每行音尺的数量要相等,以此增强诗歌整体的节奏感、韵律感,实现诗歌的音乐美。如诗歌:

孩子们/惊望着/他的/脸色

他也/惊望着/炭火的/红光

每行分成四个音尺,每行都是十个字,由两个"三字尺"和两个"二字尺"组成,音尺排列次序并不规则,但音尺的总数相等,正是"绝对调和的音节,字句必定整齐"。

绘画的美,主要是指诗歌要多采用富有色彩、华丽的辞藻,营造诗歌视觉可观的鲜明形象,成为映衬诗歌思想和情感的重要因素。闻一多在清华和留美期间曾受到绘画方面的训练并具有极高的天赋,擅长油画,他的诗歌中也经常选用红、黄、紫、黑、白等表现色彩的词及具有鲜丽而明亮的色彩感的事物。或是色彩斑斓、错彩镂金,给读者以灿烂、绚丽的感觉,如《忆菊》中:"镶着金边的绛色的鸡爪菊;粉红色的碎瓣的绣球菊!懒慵慵的江西腊哟;倒挂着一饼蜂窠似的黄心,仿佛是朵紫的向日葵呢。"或是用色彩鲜明、形色美好的事物来反衬现实的丑陋,如《死水》中用来反衬死水的绿的翡翠、粉的桃花、华丽多彩的罗绮、五彩的云霞、洁白的珍珠,无不给读者以更深的感悟。

建筑的美,主要是指字句锻炼整齐,讲究节的匀称和句的均齐。新诗要根据内容的精神采用相宜的形式,形式不拘泥于一种样式,创作中虽不限定每行的字数一致,但各行之间变换要有规律,以求全诗的整饬之感。新月派诗人闻一多的《死水》《口供》《罪过》《一句话》《天安门》,徐志摩的《大帅》《再别康桥》《雪花的快乐》,朱湘的《采莲曲》《摇篮曲》等颇具诗歌的建筑美。

新月派诗人倡导新诗格律化,坚持"理性节制情感"的美学原则和"三美"理论,使新诗具有了相对规范的形式,巩固了新诗的地位。在此之后,新格律体诗与自由体诗作为新诗的两种主要诗体,在相互竞争与渗透中推动了新诗的发展。

第二节　徐志摩诗歌导读

徐志摩是贯穿新月派前后期的重要代表诗人,他的诗歌独具魅力,风格婉约清丽。徐志摩的诗中体现的真挚、才情、追求"自由、爱和美"的理想主义光辉和现实碰撞下的失落、怀疑和感伤,都活生生地道出了一个完整的个体生命本身的痛苦和欢乐。

一、徐志摩与诗歌创作概况

徐志摩(1897—1931),现代诗人,原名徐章垿,浙江海宁人。曾拜梁启超为师,从小接受传统教育。1918年8月赴美留学,改名为志摩。1921年进入英国剑桥大学皇家学院,两年的剑桥生活使他深受雪莱、拜伦、华兹华斯的熏陶和罗素思想的影响,形成了徐志摩独特的人生观,即对"爱、美、自由"的信仰。1922年回国后第二年发起成立"新月社",1926年主编《晨报副刊·诗镌》,与闻一多、蹇先艾、朱湘等人进行新诗理论探索,1928年担任《新月》主编,1931年与陈梦家、方玮德等创作《诗刊》,进一步推动新诗的发展。1931年11月19日,因搭乘的飞机在济南党家庄附近失事而不幸遇难。

从1922年留学归来到1931年,徐志摩的诗歌创作仅有短暂的十年时间,创作了四部诗集:1924年《志摩的诗》,收录的是1922年到1924年的作品;1927年《翡冷翠的一夜》,收录的是1925年到1927年的作品;1931年《猛虎集》;1932年《云游》(陈梦家收录徐志摩逝世前的诗作)。

同时,徐志摩作为新月派的主力,不仅将闻一多的"三美"理论有效地融会贯通,通过创作《再别康桥》《为要寻一颗明星》等典范诗歌来实践新诗理论,也对于新格律诗有自己得到的见解和开拓,营造了独具风格的诗歌意境,其抒情诗也达到了相当高的艺术造诣。

二、徐志摩诗歌的主要内容

徐志摩的诗歌创作以 1927 年为界,可以分为前后两个时期:前期为《志摩的诗》《翡冷翠的一夜》,诗歌内容积极乐观,追求爱、美、自由的融合,格调清丽,富有激情;后期为《猛虎集》《云游》,这一时期正处于大革命失败之时,现实与理想的撞击使他陷入更深的苦闷,诗歌弥漫着悲观、消极的情绪,却也不乏在技巧上趋于圆熟的作品。

(一)对理想境界的执着追求

徐志摩以鲜明的个性、生命的激情,执着于对理想和自由的追求。在他早期的诗歌中,不仅彰显着五四时期的时代气息,也饱含着诗人希冀祖国走出贫穷和落后,走向繁荣和进步的强烈愿望。如《婴儿》寄托着他的政治理想,"盼望着一个伟大的事实出现"、"守候一个馨香的婴儿出世","婴儿"这一诗歌意象凝聚着诗人期待一个"更光荣的将来"的愿望。《为要寻一颗明星》则塑造了一个自信、坚忍、不放弃的追求理想的形象,尽管是在"海绵绵的昏夜"的"一匹拐腿的瞎马",也要向"黑夜里加鞭",不停地追求理想,直至倒下。

徐志摩在歌咏理想时,往往以追求爱情来象征对理想的执着,因此他有一些爱情诗,明显是以追求爱情隐喻着追求理想。朱自清在《〈中国新文学大系·诗集〉导言》中说:"他的情诗,为爱情而咏爱情;不一定是实生活的表现,只是想像着自己保举自己作情人,如西方诗家一样。"[①]茅盾也曾说:"我以为志摩的许多

---

① 朱自清:《〈中国新文学大系·诗集〉导言》,载姜涛主编《中国新诗总论 1 1891—1937》.银川:宁夏人民教育出版社,2019,第 388 页。

披着恋爱外衣的诗不能够把它当作单纯的情诗看的;透过那恋爱的外衣,有他的那个对于人生的单纯信仰。"①如《雪花的快乐》则是借"情诗"表达政治理想,雪花的潇洒,正表现了诗人的从容和自信。

(二) 对现实的揭露和批判

徐志摩早期的诗歌中对现实的揭露和批判极具思想性。表现出进步的人道主义,诗歌中表达着对黑暗而不公平的社会现实的愤懑和对底层苦难劳动人民的深切同情。如1923年冬创作的《先生!先生》:

> 一个单布褂的女孩颤动着呼声——
> 雪白的车轮在冰冷的北风里飞奔。
> 紧紧的跟,紧紧的跟,
> 破烂的孩子追赶着铄亮的车轮——
> "先生,可怜我一大化吧,善心的先生!"
> "可怜我的妈,
> 她又饿又冻又病,躺在道儿边直呻——
> 您修好,赏给我们一顿窝窝头,您哪,先生!"
> "没有带子儿,"

诗歌写了一个身着破烂单衣的小女孩,不停地奔跑在寒风中,只为追赶洋车上的乘客,乞讨能够买"一顿窝窝头"、让"又饿又冻又病"的妈妈吃上一口饭的寥寥饭钱。然而,面对如此可怜的母亲和"紧紧的跟"的小女孩,乘客却冷漠无情地丢下一句"没有带子儿"扬长而去。诗歌不仅揭露了社会现实中群众的疾苦、暴露了贫富差距,更表达了对底层穷苦人民的同情。除此之外,《大帅》《俘虏颂》《矿山石工歌》等诗歌也积极反映了社会现实,表达对劳动人民的同情。

---

① 茅盾:《徐志摩论》,载上海文艺出版社编《中国新文学大系1927—1937 第一集文学理论集一》。上海:上海文艺出版社,1987,第549页。

(三)对爱情体验的细腻表现和对自然人生的深刻体会

徐志摩的爱情诗是他诗作中最有特色的部分,徐志摩曾说:"我将于茫茫人海中访我唯一灵魂之伴侣;得之,我幸;不得,我命,如此而已。"①他的爱情诗多以自我情感经历为基础,以假想敌异性为对象,如收录在《翡冷翠的一夜》中的《起造一座墙》,正是体现了他热烈追求爱情的坚定态度,"我不仅要你最柔软的柔情,蕉衣似的永远裹着我的心"写出了诗人对爱情的渴望,而"我要你的爱有纯钢似的强,在这流动的生里起造一座墙"则在一丝忧虑中折射出对爱情的坚定。

徐志摩的诗歌把大自然称为"最伟大的部分",诗中的大自然是纯洁的,充满灵性的。回归自然,亲近自然,使他的灵性得到显现。如《朝雾里的小草花》《五老峰》《再别康桥》等都巧妙地将大自然美好的物象融入诗歌之中,营造情感悠长的诗意和优美恬静的诗境。《再别康桥》运用优美抒情的语言,借助金柳、青荇、潭水、星辉等大自然中的景象,书写在河中泛舟的所见、所思、所感,构建了一幅色彩绚丽的图画,表达了对母校热爱、依依惜别的深情,蕴含着留恋之情、惜别之情和理想幻灭后的感伤之情。

(三)徐志摩诗歌的艺术风格

1. 建构意象与意境

徐志摩作为新月派的代表诗人,善于运用意象来抒发感情,独特的意象营造着诗歌的意境。他善于将自然意象融入诗歌,山脉河流、花草树木无不激发着他对生命的思考,如《再别康桥》中的金柳、青荇等。

而赋予意象象征意义,又使得诗歌含蓄隽永,意味深长,如诗歌中的"白云"这一意象通常是诗人自我性格的象征。《黄鹂》

---

① 徐志摩:《致梁启超(节选)》,载《康桥之恋》,西安:陕西师范大学出版社,2018,第130页。

中的黄鹂用尽全部力量,冲破层层迷雾的阻隔,变成一朵云彩,飞向遥远的地方。徐志摩一生不为社会常规所束缚,是追求自由之人的典范,《黄鹂》也可以说是徐志摩人生轨迹的象征。

2. 注重诗律和诗的形式美

新月派强调诗歌的语言和格律,在此影响之下,徐志摩注重诗歌本身的辞藻、句式和韵律,探索形式美,呈现出诗歌独特之美。受古典诗词以及西方自由诗体的影响,徐志摩的诗歌注重音乐美和动态感,通过意象的反复回还、句式、韵律三方面来实现。

《雪花的快乐》是徐志摩追求灵动飘逸的诗歌形式美的典型体现。在音乐美上,诗歌的一、二行每行三顿,每顿二到四个字,形成了比较舒缓的节奏,采用了花、洒的韵脚,与雪花翩翩潇洒的神韵相适应。到了第三行开始换韵,采用了更为响亮、上扬的韵脚,第四行又突然转为跳跃式的节奏:飞飏,与飞越向上的内在精神和内心节奏相适应。诗歌赋予绘画美,那"清幽的住处"、恬静的"花园"等构建出了一幅幽雅秀丽的画面。在建筑美上,诗歌共四节,每小节五行,一、二、五行与三、四行错落排列,整齐、匀称,在整饬中又略有变化。诗歌以潇洒飞扬的雪花为意象,把对爱情的追求与改变现实社会的理想联系在一起,热烈而清新,真挚而自然,真切地表达了诗人对一切美好事物的执着追求。

(四)《再别康桥》导读

再别康桥

轻轻的我走了,
正如我轻轻的来;
我轻轻的招手,
作别西天的云彩。

那河畔的金柳,

是夕阳中的新娘；
波光里的艳影，
在我的心头荡漾。

软泥上的青荇，
油油的在水底招摇；
在康河的柔波里，
我甘心做一条水草！

那榆荫下的一潭，
不是清泉,是天上虹；
揉碎在浮藻间，
沉淀着彩虹似的梦。

寻梦？撑一支长篙，
向青草更青处漫溯；
满载一船星辉，
在星辉斑斓里放歌。

但我不能放歌，
悄悄是别离的笙箫；
夏虫也为我沉默，
沉默是今晚的康桥！

悄悄的我走了，
正如我悄悄的来；
我挥一挥衣袖，
不带走一片云彩。

1928 年 11 月作

初载于 1928 年 12 月 10 日《新月》月刊第 1 卷第 10 号

《再别康桥》是徐志摩1928年11月再访英国后归途中所作,诗歌情感饱满,幽静灵动,辞藻富有色彩感,韵律美妙,堪称诗人践行"三美"理论的典范之作,收录在《猛虎集》。

　　康桥即剑桥,诗人一生曾三度来此,曾深情地说:"我的眼是康桥教我睁的,我的求知欲是康桥给我拨动的,我的自我的意识是康桥给我胚胎的。"①1920年10月至1922年8月是他初次结缘剑桥,这里是他人生的转折点,自此形成了追求爱、美和自由的人生理想,怀着对康桥的眷恋,1922年回国后他写下诗歌《康桥,再会吧!》。1925年4月重游剑桥后写下散文《我所知道的康桥》,1928年8月再度来到剑桥,临别时将难舍之情萦绕在康河之畔,写下《再别康桥》。

　　《再别康桥》作为徐志摩故地重游之作,全诗以"再别"为基调,以难以忘却的康桥之景为意象,以眷恋、别离、惆怅为情感线索,饱含对往昔美好岁月的甜蜜情愫,也涌动着离别时万般的离愁,寓情于景,情景交融,暗涌浮动的情绪犹如一幅缓缓展开的优美画卷,令人动容。

　　诗歌第一节以舒缓、轻盈的"轻轻的"来形容"来""走""招手",轻柔的动作间蕴含了诗人对康桥浓厚的情意,仿佛不愿惊动康桥的一切,却又难舍难分,因为注定要挥手"作别"。诗人选择"西边的云彩"这一绚丽多彩的意象,夕阳照射下的康桥唯美依旧,此时的诗人却即将难舍惜别,以美衬静,以静观心,诗人再难掩饰心中淡淡的离别愁绪。

　　诗歌的第二节、第三节由第一节的心绪延续而下,难舍之情源于对康河之美的沉醉,在诗人看来:"康桥的灵性全在一条河上;康河,我敢说是全世界最秀丽的一条水。"②康河的"金柳""艳影""青荇"等美好的景物一一浮现在眼前,传达出诗人对康桥深深的眷恋。诗人将"金柳"比喻为"新娘",以拟人化的手法写出

---

① 徐志摩:《吸烟与文化》,载《我所知道的康桥 徐志摩散文精选集》,青岛:青岛出版社,2019,第264页。

② 徐志摩:《我所知道的康桥》,载《徐志摩作品精选》,昆明:云南人民出版社,2019,第126页。

康河水草随波"招摇"的状态,诗情画意的回忆中流露出"荡漾""甘心"的表白,更写出了诗人对康桥恒久的、浓情蜜意的爱恋。诗歌中"柳"这一意象取"留"之意,表达出诗人对康桥的依依不舍之情。而灵动自由的"招摇"的青荇也令诗人神往,心甘情愿做康河柔波的"一条水草",这正映衬着诗人对爱、美、自由与理想的追求,已然达到物我相融的境界。

诗歌的第四节是诗人情感的转折点,来到康河参天古树下的拜伦潭,将清澈明净的泉水比作"天上虹",如此美不胜收、让人遐想无限,诗人却转而用拟人化的手法写道:"揉碎在浮藻间,沉淀着彩虹似的梦。"诗人求学期间曾在这里深受拜伦思想的影响,在这里博采众长形成了独特的人生理想,往昔至纯至净的生活和人生理想正如天上的彩虹一般绚丽,静静沉淀在心底。而"揉碎"一词既形象地展现了康河上错落的浮藻打散了霞光,也暗含着诗人那美好理想与现实撞击后如梦醒来的愁绪。

诗歌的第五、六节以叠句的形式凝重别离的情感,在动与静之间映衬出诗人别离的心伤。昔日久居康桥的时候,诗人经常流连于康河,有着"划去桥边荫下躺着念你的书或是做你的梦,槐花香在水面上漂浮,鱼群的唼喋声在你的耳边挑逗"[①]的无限惬意。"寻梦?"这是疑问也是回答,诗人用"漫溯""满载""放歌"昭示着已然寻找到梦想的方向,满载而归,收获满满,喜悦至极,不禁在星光灿烂的夜空下放声歌唱,达到了喜悦的极点。然而一句"但我不能放歌"让一切的欢愉刹那间静了下来,诗人用"不能""悄悄""别离""沉默"层层递推,由人及物地反复渲染夜的安静,将别离的情绪推至高潮。正是"此时无声胜有声"的沉默,不忍心惊扰至爱的康桥,唯想默默作别,才更显难舍的心绪。

第七节写诗人悄无声息地离去,安静地作别充满美好回忆的康桥。而通过"挥一挥"这一缓慢而悠长的作别动作,可以体现出诗人的依依不舍,或许是愈发沉重,亦或许是久久未放下,

---

[①] 徐志摩:《我所知道的康桥》,载沈从文等著《越孤独,越自由》,哈尔滨:哈尔滨出版社,2020,第220页。

但是纵然如此,诗人终究还是决定"不带走一片云彩",来也轻轻,去也轻轻,看似洒脱飘逸,内心却弥漫着依依不舍的淡淡忧愁。

《再别康桥》不仅是一首优美的抒情诗,还充分体现了新月派的"三美"理论。徐志摩强调诗歌的音乐美,认为"明白了诗的生命是在它的内在的音节的道理,我们才能领会到诗的真的趣味"①。诗中每小节押韵,小节中又二、四押韵,逐节换韵,追求音节的旋律感,同时以叠词、复沓等手法的运用,增强诗歌轻盈的节奏,在首尾呼应中深化情感。全诗共七节,每节四句,每句字数大体相同,一、三行稍短,二、四行稍长,错落有致、参差变化中尽显"建筑美"。诗歌大量选取"云彩""金柳""柔波""星辉""软泥""青荇"等具有色彩感的意象,巧妙地物化为诗人情感的寄托,情与景达到了完美融合,营造了如梦如幻的诗歌意境。

胡适在《追悼志摩》中说:"他的人生观真是一种'单纯信仰',这里面只有三个大字:一个是爱,一个是自由,一个是美。他梦想这三个理想的条件能够会合在一个人生里,这是他的'单纯信仰'。他的一生的历史,只是他追求这个单纯信仰的实现的历史。"②徐志摩那种向往自由、渴望飞翔的情怀,热情真诚的为人,活泼欢乐的态度,深情炽热的爱恋,从丑中也要看出美的纯真,都体现了一个诗人对"真""性灵""美"的艺术自觉。《再别康桥》正是他这一理想的具体体现。

第三节 闻一多诗歌导读

闻一多是新月派代表诗人,是新格律诗理论的奠基者,也是伟大的爱国主义者,毛泽东给予高度评价:"闻一多拍案而起,横眉怒对国民党的手枪,宁可倒下去,不愿屈服。……我们应当写

---

① 徐志摩:《诗刊放假》,《晨报副刊·诗镌》第十一号,1926年6月10日。
② 胡适:《追悼志摩》,载《胡适精品散文集 下》,南昌:二十一世纪出版社,2017,第51页。

闻一多颂。"①闻一多正是将满腔赤诚的爱国之情熔铸在诗歌中,犹如一柄红烛,熠熠生辉。

一、闻一多的诗歌创作概况

闻一多(1899—1946),本名闻家骅,字友三,著名爱国诗人、学者,民主战士。他出生于书香世家,自幼受传统文化的影响,1912年考入清华学校。1922年留学美国芝加哥美术学院,学习绘画。1923年转学科罗拉多大学,主攻油画,同时开始新诗创作。

1925年回国后一直从教,曾在国立第四中山大学、武汉大学、青岛大学、清华大学、西南联大等高校任教,教授美术、英文诗、古典文学、现代文学史、戏剧等多门课程。1927年任国立第四中山大学教授,参加北伐。1928年执教武汉大学期间,闻一多开始从诗人向学者转变,着手对古典文学进行系统研究,涉及古代神话、《诗经》、《楚辞》、古文字学、古音韵学等领域,取得了辉煌的学术成就。1930年执教青岛大学期间,全面展开对唐诗和《诗经》的研究,编撰《全唐诗人小传》《唐诗大系》《诗经新义》《诗经通义》。

1937年抗战全面爆发后,闻一多随清华大学不断南迁,后从长沙出发步行三千多里前往西南联大任教,陆续发表《乐府诗笺》《宫体诗的自赎》《庄子内篇校释》《文学的历史方向》《九歌校释》《人民的诗人——屈原》等论文,出版论著《楚辞校补》等。抗日战争胜利后,闻一多响应中国共产党的号召,成为一名民主战士,发表战斗檄文以揭露国民党反动派的黑暗统治和卑劣行径。1946年7月15日在悼念李公朴的大会上,发表《最后一次讲演》斥责国民党暗杀李公朴的罪行,回家的路上被国民党暗杀,壮烈牺牲,举国震惊。

---

① 毛泽东:《别了,司徒雷登》,载中共中央文献研究室、新华通讯社编《毛泽东新闻作品集》,北京:新华出版社,2014,第499页。

闻一多在《文艺与爱国——纪念三月十八》中强调爱国运动和新文学运动"这两种运动合起来便能够互收效益,分开来定要两败俱伤"①,他的一生既潜心钻研学术,又义无反顾地投身革命事业,执笔为戎,对祖国和民族满怀炽热的热爱,至死不渝。

闻一多受"五四"新文学运动的影响,开始进行新诗创作,这一时期的《雪》《西岸》等15首新诗收入1922年的《真我集》,同期出版了《〈冬夜〉〈草儿〉评论》,发表《〈女神〉之时代精神》《律诗底研究》等论文。1923年留美期间创作《太阳吟》《孤雁》等饱含爱国主义思想的新诗,表达对祖国的思念,出版第一本新诗集《红烛》。1926年发表的论文《诗的格律》倡导新格律诗和"三美"理论,开始致力于新诗创作。1928年,出版第二本诗集《死水》,题材广泛,关注社会现实,具有鲜明的时代感,形成了沉郁奇丽的艺术风格。

二、闻一多诗歌的主要内容

闻一多一生创作诗歌数量并不多,主要收录在《红烛》(1923)和《死水》(1928)两部诗集中,诗歌在内容上始终融贯着浓烈的爱国主义情怀。

《红烛》是闻一多1920—1923年间的诗歌,1923年初版时收入62首;1981年再版时共收入103首,分为"序诗"(1首)、"李白篇"(3首)、"雨夜篇"(21首)、"深夜篇"(17首)、"孤雁篇"(19首)、"红豆篇"(42首),具有浪漫主义的倾向,表达了诗人对艺术和美的追求。《红烛》的诗歌内容丰富,有表达赤诚的爱国之情的,如《红烛》《忆菊》等,有表达身处异国的浓烈思乡念国之情的,如《太阳吟》《秋菊》《孤雁》等,有描写自然景色的,如《春寒》《春之末章》《秋色》《小溪》《雪》等。其中,诗集的序诗《红烛》创作于1923年,恰逢诗集出版之际。

---

① 闻一多:《文艺与爱国——纪念三月十八》,载尹传政选编《我和我的祖国:爱国主义诗文诵读精选》,北京:国家行政学院出版社,2019,第278页。

红烛(节选)

"蜡炬成灰泪始干"——李商隐

红烛啊!
这样红的烛!
诗人啊!
吐出你的心来比比,
可是一般颜色?

....

红烛啊!
既制了,便烧着!
烧罢!烧罢!
烧破世人的梦,
烧沸世人的血——
也救出他们的灵魂,
也捣破他们的监狱!

....

红烛啊!
流罢!你怎能不流呢?
请将你的脂膏,
不息地流向人间,
培出慰藉的花儿,
结成快乐的果子!

红烛啊!
你流一滴泪,灰一分心。
灰心流泪你的果,

创造光明你的因。

红烛啊！
"莫问收获，但问耕耘。"

诗人誓要秉承着"蜡炬成灰泪始干"的奉献精神"烧蜡成灰""烧破世人的梦，烧沸世人的血"，即便是"流一滴泪，灰一分心"，也至死不渝，借以表达立志报国的理想和对祖国明天的执着追求。诗歌紧紧围绕"红烛"这一意象，以问答的方式推进情感的迸发，开篇写道："诗人啊！吐出你的心来比比，可是一般颜色？"诗人以自我诘问的方式给予肯定的回答，以"红"为线串联起"红烛"与"心"，一个"吐"字也生动形象地将诗人的赤诚之心刻画得淋漓尽致。诗人在不断地诘问中探索，走出"矛盾！冲突！"，最终找到"也救出他们的灵魂，也捣破他们的监狱！"的前行方向，即便路途中会有"残风"的侵袭，会有"烧得不稳"，会着急得流泪，但是诗人仍要"不息地流向人间""莫问收获，但问耕耘"，坚毅地为理想而竭尽全力，不计较结果，燃尽自己也要创造光明。

诗集《死水》收入闻一多1926—1928年所作的28首诗歌，这一时期的诗歌转向现实主义，在思想内容上以揭露黑暗现实和表达强烈的爱国情感为主，思想更深刻，艺术风格更成熟。诗集《死水》一方面凝聚着诗人对军阀统治下黑暗社会现实的痛恨，对祖国走向新生的希望和信念，以及由爱而生的失望。闻一多在《死水》中痛批旧社会的中国已经是"清风吹不起半点漪沦""这里断不是美的所在"，已然充满丑恶。在《发现》中更加真切地表达着希望破灭的深切痛苦："我来了，我喊一声，迸着血泪，'这不是我的中华，不对，不对！'""我追问青天，逼迫八面的风，我问，拳头擂着大地的赤胸，总问不出消息；我哭着叫你，呕出一颗心来，你——在我心里！"诗人踏上中国的土地，看到的却是满目疮痍，饱含血泪，极度的愤懑与失望，即便如此，仍没有任何事情能够阻挡诗人对祖国执着的爱。而在《一句话》中："突然青天里一个霹雳，爆一声：'咱们的中国！'"诗人以愤怒的笔触揭露了军阀混战的社会现实,通过"咱们的中国"的呐喊强烈地表达出追求理想中国的坚定决心。另一方面,着重表现军阀黑暗统治和社会动荡的时代背景下劳动人民的凄苦生活,控诉了北洋军阀政府的专制统治和帝国主义的欺凌,表达了对劳苦大众的同情和强烈的爱憎,如1925年回国时创作的《洗衣歌》表现了旅美华侨的生活遭遇,《荒村》揭示军阀混战给农民造成的灾难,《飞毛腿》描写黄包车工人冻饿而死,《罪过》则形象地刻画了卖樱桃的老者摔倒后的自责,表现了底层劳动人民为了生存而苦苦支撑却早已体力不支的悲苦境况。

三、闻一多诗歌导读

死水

这是一沟绝望的死水,
清风吹不起半点漪沦。
不如多扔些破铜烂铁,
爽性泼你的剩菜残羹。

也许铜的要绿成翡翠,
铁罐上锈出几瓣桃花;
再让油腻织一层罗绮,
霉菌给他蒸出些云霞。

让死水酵成一沟绿酒,
漂满了珍珠似的白沫;
小珠们笑声变成大珠,
又被偷酒的花蚊咬破。

那么一沟绝望的死水,
也就夸得上几分鲜明。

如果青蛙耐不住寂寞，
又算死水叫出了歌声。

这是一沟绝望的死水，
这里断不是美的所在，
不如让给丑恶来开垦，
看它造出个什么世界。

《死水》是1925年闻一多回国后创作的新格律诗，是闻一多的重要代表作之一。1922年闻一多赴美留学，立志学有所成后报效祖国，三年后诗人满怀爱国赤诚踏上中国的土地，但是呈现在眼前的却是军阀混战、帝国主义横行、百姓生活凄苦，诗人为祖国的处境而痛心疾首，产生怒其不争的愤激情绪，就此创作了《死水》。

《死水》共五节，诗歌通过对"死水"这一意象多角度的描写，运用以美写丑的手法，表达了对"死水"的绝望、愤怒、厌恶和诅咒，揭露和讽刺了如"死水"般肮脏、腐败的黑暗社会，表达了对新社会的期待，体现了诗人浓厚的爱国主义情感。

诗歌开篇直接批判"这是一沟绝望的死水"，表达了诗人极度的失望和激愤之情。第一节选取"死水"和"清风"两个意象，采用象征的手法，"死水"象征着半封建半殖民地的旧中国，"清风"象征着一切进步的新事物，"清风"已然无法给"死水"带来一丝变化，绝望至极。因此，愤懑的诗人要扔入"破铜烂铁"、泼入"剩菜残羹"，加速"死水"的腐烂，形象地表达出诗人对这一沟凝滞死水的极度厌恶之情。

诗歌第二至四节从"死水"的颜色、状态、声音着手，细致入微地刻画了"死水"的丑陋本质，揭露了旧中国日益腐朽的社会现实。诗人运用"绘画美"的艺术技巧，借助色彩绚丽的"翡翠""桃花""罗绮""云霞"四个意象，以美写丑，写得愈美则愈丑，以反讽的手法与污浊的死水形成强烈的对比。第三、四节则进一步采用比喻、拟人、反衬的手法，展现了这是一沟腐臭变质的、死寂的死水。至此,诗人情感达到了高峰,是对"死水"恨之极的情感,是对黑暗现实社会的嘲讽、憎恶、愤怒的感情。

诗歌的第五节呼应首句后,直接断定"这里断不是美的所在",对"死水"彻底否定,表现了诗人要推翻旧中国的愤恨之情。但是,"不如让给丑恶来开垦,看它造出个什么世界"并不代表诗人彻底绝望后的放弃,而是在绝望中看到了一丝希望,朱自清曾评价道:"这不是'恶之花'的赞颂,而是索性让'丑恶'早些恶贯满盈,'绝望'里才有希望。"[1] 因为唯有让旧事物"丑恶"到极点,才可以加速灭亡,才可以有机会让如"清风"般的新事物给现实社会带来万象更新的明天,而这才是诗人追求的"美"的真正所在,也体现了诗人浓厚的爱国主义情感。

闻一多倡导新格律诗,提出"三美"理论,而《死水》则是他"第一次在音节上最满意的试验"[2]。全诗五节,每节四行,每行九个字,均由三个"二字尺"和一个"三字尺"组成。每节的第二行、第四行押韵,每节换韵,读起来富有节奏感,抑扬顿挫,极具音乐美。《死水》采用以美写丑的手法,大量选取"翡翠""桃花""罗绮""云霞""绿酒""珍珠"等富有色彩感的事物,强烈的色彩冲击带来的"美"与"丑"的对比更加鲜明地反衬出"死水"的腐朽,艺术效果强烈。《死水》的建筑美主要体现在诗歌的外形上,全诗字句整齐,节与节之间,整齐划一,在视觉上达到了"匀称""均齐"的效果。

【思考与讨论】

一、新月诗派不断探索新诗发展的方向,致力于发现新诗的"新格式"与"新音节",为新诗创造"完美的形体",走上了新诗体的探索之路,最终确立了新诗的艺术形式和美学原则。请结合

---

[1] 朱自清:《闻一多先生怎样走着中国文学的道路——〈闻一多全集〉序》,载《朱自清序跋集》,苏州:古吴轩出版社,2018,第134页。
[2] 闻一多:《诗的格律》,载姜涛主编《中国新诗总论 1 1891—1937》,银川:宁夏人民教育出版社,2019,第259页。

新月诗派诗歌作品,探讨"新诗格律化"的诗歌理论及其历史价值。

二、徐志摩的诗歌独具魅力,风格婉约清丽,情感真挚,请从诗歌内容与诗歌形式上,探讨赏析徐志摩的《为要寻一颗明星》。

三、闻一多大力倡导新格律诗,提出"三美"理论,而作为爱国诗人,他的诗歌在内容上始终融贯着浓烈的爱国主义情怀,请从诗歌情感与诗歌形式出发,探讨赏析《忆菊》。

第四章 茅盾作品导读

第一节 作家小传

茅盾,原名沈德鸿,字雁冰,1896年出生于浙江省桐乡市乌镇。"茅盾"是他在1927年发表第一部中篇小说《幻灭》时使用的笔名。茅盾在六十余年的文学生涯中,关于文学创作、文艺理论、文艺批评和文学翻译等方面都取得了杰出的成就。

茅盾在早年时期,接受了良好的教育,为后来走上文学道路打下了基础。父亲沈永锡是清末秀才,拥护"新学",母亲陈爱珠喜爱文学,是茅盾的第一个启蒙老师。1911年至1913年他在浙江就读中学,生活和思想都深受辛亥革命的影响,向往民主自由。1913年考入北京大学预科,1916年由于家庭经济困难未能继续深造,同年8月进入上海商务印书馆做编辑,从此"叩文学的门"。

1916年至1926年的十年是茅盾早期的文学活动时期,主要成就在新文学理论建设、文学批评、文学翻译等方面。这一时期,茅盾积极参加"五四"爱国运动,为促进新文学的发展,大量翻译和介绍外国文艺理论和文学作品,格外关注俄国、十月革命后的苏联文学及欧洲文学的翻译。在此基础上,他致力于文学理论和文学批评工作,大力改革《小说月报》,成为传播新文学的阵地。1920年发表《现在文学家的责任是什么?》《新旧文学平议之评议》等论述,提出"文学是为表现人生而作的"①,主张文学要直面人生,关注国家和社会的问题。1921年1月茅盾与郑振铎、王统照、叶圣陶等人发起成立文学研究会。20年代初他在上海加入共产主义小组,成为中共党员,1924年他到上海大学执教,陆续参加了"五卅"运动、大革命斗争,表现出高度的革命热情,为以后的创作提供了丰富的素材和生活经验。

1927年大革命失败后,茅盾被国民党通缉,被迫脱离实际的革命工作,转入"地下"。面对急转的形势和黑暗的现实,他从牯岭潜回上海后,整整十个月足不出户,思想陷于迷茫,在苦闷、矛盾、悲观的情绪中开始了文学创作。1927年9月至1928年6月,他先后创作了《幻灭》《动摇》《追求》三部中篇小说,署名茅盾并在《小说月报》连载,后合编为《蚀》三部曲。虽然三部小说的主人公各异,故事情节不是完全连贯的,但是却共同反映了大革命时期的史实,内在联系紧密。小说描写了现代知识青年在大革命前后的精神风貌,他们向往革命和光明,但又有幻灭、彷徨、动摇的矛盾心理,这也是作者当时苦闷悲观情绪的真实写照。1928年7月,茅盾东渡日本,在一年半的时间里他创作了长篇小说《虹》(未完)、短篇小说集《野蔷薇》《陀螺》及文章《从牯岭到东京》《读〈倪焕之〉》等。长篇小说《虹》的主人公梅行素是接受过新思想洗礼的时代女性,她在"五四"到"五卅"的时代洪流中挣扎和反抗,最终走向正确的革命道路。《虹》虽然未完成,但已经摆脱了悲观的情绪,转向振作。

1930年茅盾回到上海,加入左翼作家联盟,以极大的热情投入到革命文艺的活动和社会斗争中,创作进入高潮期。1930年至1931年他创作了反映农民革命斗争的短篇小说《大泽乡》《豹子头林冲》《石碣》,表现知识分子的命运和前途、探寻出路的《三人行》《路》等中篇小说。1932年"一·二八"事变后,他在自己的家乡接触到30年代初期农村的现实,深有触动,经过长期的思

---

① 茅盾:《现在文学家的责任是什么?》,载《茅盾选集 第5卷 文论》,成都:四川文艺出版社,1985,第3页。

考和酝酿,陆续创作了《林家铺子》《春蚕》《秋收》《残冬》等小说。茅盾的农村三部曲《春蚕》《秋收》《残冬》是具有连续性的短篇小说,以中国30年代初的浙江太湖的农村生活为背景,描写了老通宝一家一年四季的遭遇,一家人奋力为养育春蚕和秋收而投入劳动,盼望着丰收可以减轻负债,但是等到春蚕丰收时茧价却狂跌,秋收时米价又大跌,到残冬,已无生计可言,于是坚决走上了抗争的道路。小说通过对农民悲惨生活和农村情景的勾勒,真实地反映了当时农民的精神面貌,揭示了帝国主义、封建主义、官僚资本主义对农民的重重压迫和剥削,反映了农民在面对压迫时的自发反抗斗争。1931年至1932年12月完成的长篇小说《子夜》,震动了当时的文坛,是不朽的现实主义杰作,使茅盾成为中国现代文学史上的革命现实主义巨匠。

1937年"八·一三"上海抗战结束后,茅盾参加了"中华全国文艺界抗敌协会",到广州主编《文艺阵地》,宣传抗日。1940年"皖南事变"后,茅盾从重庆来到香港,创作了《腐蚀》,发表在香港《大众生活》周刊。小说以"皖南事变"为背景,用日记体的形式,细腻刻画了主人公赵惠明复杂的心路历程。赵惠明从抗日救亡运动中失足成为一名国民党特务,她堕落却又感到后悔,在矛盾和挣扎中想要走向自我革新的道路,以此揭露和控诉国民党法西斯特务统治的血腥罪行和罪恶本质。1941年底香港沦陷,茅盾辗转来到桂林,创作了《霜叶红似二月花》,小说讲述了从辛亥革命到"五四"新文化运动时期城市与农村的景象,充分展现了当时社会的各种矛盾。1945年在重庆创作了剧本《清明前后》,全剧有五幕,以当时重庆国民党反动统治者贪污腐败的"黄金案"为背景,探讨工业的现状与出路为主题,主人公林永清实业救国,想为抗战做出贡献,却四处碰壁,痛苦地认识到政治不民主,工业就没有出路,终究逃不过官僚资产阶级对民族工业压迫和摧残的命运,借此暴露抗战后期国民党统治区政治的腐败、经济的动荡和社会民生的苦不堪言。

抗战胜利后,1946年茅盾回到阔别八年的上海,陆续创作了

《苏联见闻录》《杂谈苏联》。1948年茅盾在香港创作了他的最后一部长篇小说《锻炼》,描写了1937年上海淞沪会战时期的社会景象。新中国成立后,茅盾出任文化部部长,为社会主义文艺的发展做出了巨大贡献。

第二节 《蚀》导读

一、《蚀》的创作背景

1920年茅盾加入上海共产主义小组后一直积极从事革命工作,1925年至1926年相继参加了五卅运动、第一次国内革命战争。这期间,茅盾历经了革命运动的血与火,结识了许多革命志士,为《蚀》的创作积累了素材。1927年"四·一二"反革命政变后,国民党对革命群众和共产党人进行了血腥屠杀,通缉革命分子,茅盾也在被通缉名单之中。7月汪精卫在武汉举行反共会议,茅盾离开武汉后辗转回到上海,隐居近十个月。大革命的失败、革命者的相继遇害和革命事业的停滞使茅盾陷入痛苦、困顿,苦于找不到革命的出路,他在一种极为矛盾的心境中开始小说创作的生涯。1927年9月至1928年6月,茅盾先后完成了《蚀》,包括《幻灭》《动摇》《追求》三部中篇小说,发表在《小说月报》上,初稿署名为"矛盾",后由编者改为"茅盾",可见在革命低潮时期作者复杂而矛盾的心情。

二、《蚀》的主题

《幻灭》《动摇》《追求》独立成篇,都有各自的主要人物,但是主题基本一致,内容带有连续性,形成了一个统一的整体,体现了作者对中国革命的深刻思考,极具现实主义精神。在《蚀》中茅盾主要写的是"现代青年在革命浪潮中所经过的三个时期：(1)革命前夕的亢昂兴奋和革命既到面前时的幻灭；(2)革命斗争剧烈时的动摇；(3)幻灭动摇后又不甘寂寞尚思作最后之追求。"①在这一主题的引导下，作品聚焦"五卅惨案"到大革命时期的社会人生，从小资产阶级知识分子尤其是知识女性切入，以他们的生活经历和心灵历程为题材，表现了当时知识分子真实的生存状态，揭露了大革命前后革命阵营中的各种矛盾。

三、《蚀》的故事情节

茅盾以"追忆"的气氛创作《幻灭》和《动摇》，描写了大革命前小资产阶级知识分子的真实心态，继而在《追求》中表现了大革命失败后，他们在各自的追求中痛苦的挣扎和悲剧的命运。

《幻灭》写小资产阶级知识分子在"革命前夕的亢昂兴奋和革命既到面前时的幻灭"，从主人公章静的两段爱情经历侧面地反映了真实的时代场面。静女士从小在母爱的呵护下长大，对社会生活抱有美好的幻想，满怀理想投入革命工作。她受"五四"新思潮的影响，中学时代领导学生运动，后来走出家乡，到上海求学。在大学，她爱上同学抱素，但是一次偶然的机会，她发现了抱素对爱情的不忠和军阀暗探的身份，第一次爱情的幻灭和现实沉重的打击，让她顿感失望，陷入悲观之中。此时，正好赶上革命的高潮，静女士重新振作，鼓足勇气，满怀热情地来到武汉参加革命工作。在革命工作中，她看到政治工作的敷衍和身边革命者的"丑态"，觉得无聊、厌倦，认为这不是她"理想中的热烈的新生活"，在苦闷和彷徨中放弃了工会的革命工作。为了做到"于人有益，于己心安"，静女士选择到第六病院做女看护，在这里她遇到了北伐战争中负伤的连长强惟力，两人相识、相恋，度过了一段幸福、浪漫的日子，她一度认为自己将"不再消

---

① 茅盾：《从牯岭到东京》，载《茅盾选集 第5卷 文论》，成都：四川文艺出版社，1985，第110页。

极,不再多愁"。但是很快强惟力就去打仗了,静女士美幻的梦再一次破灭。

《幻灭》中后半部分的时间段是《动摇》整篇的时间段,描写了1927年汪精卫叛变前,发生在湖北武汉某县城的故事。主人公方罗兰是县党部委员、商务部长,也是革命队伍中思想有所动摇的知识分子代表,他的动摇主要表现在革命工作和个人情感两方面。小说中阴险狡诈的土豪劣绅胡国光顶替店主王荣昌,混入商民协会,后来又趁机混入县党部,在处理胡国光的问题上,方罗兰因被孙舞阳的"艳影"吸引而未彻底究查,草率解决,回复县党部"胡某不孚众望,应取消其委员当选资格",他的犹豫和麻痹为革命工作带来了极大的隐患。在店员要求涨工资的运动中,方罗兰又采取妥协、软弱的态度,并未积极组织工农武装力量对抗反动势力,反而阶级立场不明确地认为"况且一律不准歇业,究竟太严厉了些",助长了反革命的嚣张气焰,使得革命严重受挫。李克要镇压反动派时,他迟疑、徘徊,等到土豪劣绅发生暴动血腥屠杀群众和革命者时,他的阶级立场更加模糊,甚至抱怨群众的革命风暴,为反动派开脱罪责,认为"惟有宽大中和,才能消弭那可怕的仇杀",最终他携妻潜逃,放弃革命工作。在个人情感方面,方罗兰也是动摇的。他一方面不愿舍弃温柔贤惠的妻子,不同意离婚;另一方面又暗恋在妇女协会工作的孙舞阳,她妩媚、洒脱,充满魅力,使方罗兰对妻子梅丽的爱情越来越动摇。《动摇》从正面反映了大革命失败前夕的前线战场,后方激烈的革命斗争和身处尖锐斗争中的小资产阶级知识分子在政治和爱情上的动摇,真实地反映了大革命高潮来临时,某些革命工作者的动摇、犹豫和软弱,反动势力对革命的破坏的时代图景。

《追求》中的故事发生在1928年的上海,讲述的是一群小资产阶级知识分子在大革命失败后的遭遇,写他们在"幻灭动摇后又不甘寂寞尚思作最后之追求"。小说没有贯穿始终的主人公,人物可以分为四类:王仲昭、张曼青、章秋柳、史循等。王仲昭,在革命形势突变后陷入苦闷,心有不甘的他积极投身新闻界来摆脱彷徨,继续追求,但是久经波折的改革新闻计划依旧阻碍重重,连"半步主义"也无法实现,爱人最后也"遇险伤颊,甚危",事业和爱情让他完全失望。张曼青,经历了大革命风暴的洗礼,社会的黑暗和政治的混沌让他苦闷,将教育事业作为最后的憧憬。他力图通过教育拯救下一代,引导他们走上自己的历史的路。但他的教育救国梦很快就破灭了、失败了,"我的理想完全失败,大多数是这样的无聊,改革也没有希望",事业和恋爱两方面的理想都破碎了。章秋柳,曾经满怀革命热情,勇敢追求理想,但大革命失败后她苦于找不到出路而苦闷、悲观,在"一条路引你到光明,但是艰苦,有许多荆棘,许多陷坑;另一条路会引你到堕落,可是舒服,有物质的享乐,有肉感的狂欢"之间委决不下,最终选择后者,以发狂的颓废来寻求感官的刺激,在寻欢作乐中走向堕落。她曾尝试用爱情拯救史循,这份希望却随着史循的暴病离世而消散,自己也最终在病痛折磨中走向死亡。可见,《追求》中青年知识分子在白色恐怖下上演着各自不同的悲剧,所有的追求都落空了,没有一个是有出路的。

四、《蚀》的女性形象分析

《蚀》中的青年知识分子们饱含热情,向往革命,也走上过革命的道路。但是他们缺乏对革命本质的清晰认识,也无法感知到革命的艰苦性,当看到革命队伍中的某些混乱现象和阴暗面时,就会产生极度失望和悲观的情绪,感觉到幻灭;当处于革命风暴之中,又软弱、妥协,产生动摇,远离革命事业;在消沉与苦闷中又不甘彷徨,挣扎追求,寻找出路。小说依照这一情感的发展,塑造了许多鲜活而独具性格的人物,尤其是女性形象。

茅盾在《从牯岭到东京》中说:"我所着力描写的,却只有二型:静女士,方太太,属于同型;慧女士,孙舞阳,章秋柳,属于又一的同型。"①静女士和方太太温婉、静美,对现实和爱情充满美好的期待,具有传统东方女性的气质。静女士,在母亲的爱怜下过着静美的生活,从未经历人世的污浊险巇,她怀着无限美好的期待走上革命道路,是一个耽于幻想的女子。走出家乡来到上海后,她逐渐摆脱对现代社会的迷茫,在不断地反思和觉醒中热情地追求新生活。然而现实社会是无情的,一次次击破她对革命和爱情的美好追求,幻想和破灭成为她无法摆脱的精神状态。静女士是这一时期小资产阶级青年女性的典型代表,她们热情而向往光明,敢于革命,却在毫无思想准备的情况下投身革命,缺乏对革命的正确认识,因此在革命既到面前时就容易表现出幻灭的心态。方太太梅丽与静女士相似,结婚前也是活泼开朗、无忧无虑的少女。而婚后的梅丽一直保持淑德贤惠、雍容华贵,竭力经营爱情,将精力专注于方罗兰和家庭,面对方罗兰与孙舞阳绯闻一事,束手无策,只能意图通过离婚让丈夫妥协和退让。梅丽已经成为典型的家庭主妇,思想已经无法适应新形势下的时代需求,与社会现实越来越格格不入。小说最后写到夫妻二人在潜逃时与孙舞阳同在一个破庙避难,惊怖和疲乏的梅丽心情沉重,看到妩媚而充满活力的孙舞阳与丈夫在石榴树侧郁金香的茂叶后边并肩站着,低声说着话,心酸而颓然,觉得对她是极大的侮辱,后悔当初离婚时的动摇,在悲痛中昏死过去,这也意味着以方太太梅丽为代表的传统女性,在新时代和新形势下是没有出路的。

  慧女士、孙舞阳和章秋柳,热情、浪漫、独立,是作者讴歌和赞美的时代女性。但是,也从未规避她们的问题,进而展示了时代女性情感的复杂性。慧女士,在社会现实的打击和磨砺中,直言"现在我确信世界上没有好人,人类都是自私的,想欺骗别人,想利用别人",借此悟得处世的方法,逐渐由保守走向开放,不受爱情的束缚。相比于静,她积极工作,对革命充满信心。孙舞

---

① 茅盾:《从牯岭到东京》,载《茅盾选集第5卷 文论》,成都:四川文艺出版社,1985,第111页。

阳,洒脱、浪漫、爽快,敢于挑战世俗,然而在浮躁、轻率的表面下,却是她对革命的坚守。相比于方罗兰对反革命势力的妥协和退让,孙舞阳在反革命势力暴动中多次不顾个人安危与敌人周旋,临危不惧,全身心投入革命工作。章秋柳身处大革命失败后的白色恐怖中,无法摆脱失望、悲观、颓废的时代心理。她一方面渴望冒险,对投身革命充满热情,另一方面又无法舍弃物质的享乐,最终以自我的堕落来反抗黑暗的现实。

从柔美的静、温婉的梅丽,到猖狂的慧、洒脱的孙舞阳、颓废的章秋柳,《蚀》展现了从"五四"至大革命失败后的女性群像。可以看出,虽然小资产阶级知识女性已经挣脱了封建礼教的牢笼,在与男性的交往中处于主动的地位,能够积极投身革命洪流之中,想要有所作为,但是小资产阶级怯弱、软弱、妥协的本性决定了她们无法正确认识自己的理想和道路,找不到自己的出路。

五、《蚀》的艺术特色

《蚀》真实而客观地再现了大革命失败前后一群小资产阶级知识分子的生活经历和心灵历程,但是作者也坦言:"《幻灭》和《动摇》中间并没有我自己的思想,那是客观的描写;《追求》中间却有我最近的——便是作这篇小说的那一段时间——思想和情绪。"[①]这是一种"忽而高亢灼热,忽而跌下去,冰一般冷"的思想和情绪,它融入小说的客观叙述中,塑造了人物性格的复杂性,赋予了作品缠绵幽怨和激昂奋发的调子,虽然基调蕴含悲观色彩,却是不回避历史教训的体现。可见,小说在题材的选择上注重时代性,客观地展现了中国20世纪20年代大革命背景下社会的动荡与黑暗、革命的波澜起伏,真实地勾勒了这一时期从苦闷到热情、从热情到动摇、从动摇到幻灭的小资产阶级知识分子形象,极具现实主义的创作特征。

---

① 茅盾:《从牯岭到东京》,载《茅盾选集 第5卷 文论》,成都:四川文艺出版社,1985,第112页。

《蚀》注重结构布局，采用了"三部曲"的形式，每部小说的结构相互独立，而连贯起来反映了中国大革命前后真实的社会现实和小资产阶级知识分子的生存状态。各部小说注重从社会环境的变化中展现人物性格的发展和命运，追求对人物情感、心理的多面性和立体化的描写。《蚀》中，《幻灭》以静女士的爱情和事业为主线，人物和事件都紧紧围绕这一主线展开，在反复的追求与失落之间表现静的幻灭；《动摇》则是从以方罗兰为代表的革命者和以胡国光为代表的反革命势力两条线索出发，凸显青年知识分子在革命风暴中的动摇；《追求》中并没有贯穿始终的主人公，而是从王仲昭、张曼青、章秋柳、史循等苦闷而彷徨的知识青年出发，以他们对革命事业和人生追求的不同选择为立足点，共同勾勒出一幅大革命失败后寻找出路的知识青年的图景。

第三节 《子夜》导读

一、《子夜》的时代背景与创作意图

1930年春，茅盾从日本回到上海，此时南北大战正酣，世界经济恐慌也波及上海，很多以外销为主的轻工业岌岌可危。外资压迫下的民族资本家为转嫁本身的危机，进一步压迫工人，增加工作时间，降低工资，大批开除工人，这无疑引起了工人的反抗，使得上海的工人运动高涨。与此同时，理论界也展开了中国社会性质问题的大论战，其中托派"认为中国已经走上资本主义道路，反帝、反封建的任务由中国资产阶级来担任"①。

为驳斥托派的谬论，茅盾决定用小说的形式形象地表现30年代中国社会现状的三个方面："（一）民族工业在帝国主义经济

---

① 茅盾：《再来补充几句》，载《茅盾论创作》，上海：上海文艺出版社，1980，第64页。

侵略的压迫下,在世界经济恐慌的影响下,在农村破产的环境下,为要自保,使用更加残酷的手段加紧对工人阶级的剥削;(二)因此引起了工人阶级的经济和政治斗争;(三)当时的南北大战,农村经济破产以及农民暴动又加深了民族工业的恐慌。"①1931年10月,茅盾开始创作《子夜》,1932年12月5日完稿,1933年1月由开明书店出版。茅盾最初创作《子夜》有着"大规模地描写中国社会现象的企图"②,"打算通过农村(那里的革命力量正在蓬勃发展)与城市(那里敌人力量比较集中,因而也是比较强大的)两者革命发展的对比,反映出这个时期中国革命的整个面貌"③。虽然茅盾这一意图在《子夜》中并未完全实现,而是着重从投机市场、民族资本家、工人阶级等方面描写城市,农村描写较为薄弱,但小说却依旧历史地、深刻地、史诗般地呈现出了20世纪30年代初民族和社会的矛盾以及错综复杂的社会关系。

《子夜》标志着茅盾创作的一个高峰,是中国现代文学史上革命现实主义的巨著,瞿秋白在《〈子夜〉与国货年》中这样评价到:"一九三三年在将来的文学史上,没有疑问的要记录《子夜》的出版。"④

二、《子夜》的主题思想

《子夜》以20世纪30年代时局动荡的上海为故事背景,站在时代的高度,通过对上海的金融市场、民族工业、工人运动等方面的描绘,全方位地展示了这一时期中国社会的广阔图景,深刻揭示了半封建半殖民地旧中国的矛盾和错综复杂的社会关系。

《子夜》的主题思想在于:一方面展现在帝国主义经济的侵

---

① 茅盾:《〈子夜〉是怎样写成的》,载《茅盾论创作》,上海:上海文艺出版社,1980,第59页。
② 茅盾:《〈子夜〉后记》,载《茅盾论创作》,上海:上海文艺出版社,1980,第56页。
③ 茅盾:《再来补充几句》,载《茅盾论创作》,上海:上海文艺出版社,1980,第63页。
④ 瞿秋白:《〈子夜〉和国货年》,载《多余的话》,北京:中国友谊出版公司,2014,第210页。

略下,民族工业严重受挫,民族资产阶级与买办资产阶级、民族资产阶级与工人阶级、地主阶级与农民阶级的矛盾不断激化。最终民族资产阶级投降帝国主义,走向买办化的道路,进而有力地驳斥了托派关于中国已经进入资本主义社会的谬论,表明中国并没有走向资本主义发展的道路,反而在帝国主义的压迫下,更加殖民地化;另一方面真实地反映了国内军阀混战和国民党反动统治,造成工商业发展受阻,民不聊生,国家陷于危机之中。而此时在共产党领导下的工人、农民革命斗争已有燎原之势,一定程度上反映出了这个时期中国革命的整个面貌,预示着历经子夜后必将迎来黎明,革命力量必胜,增强作品的革命乐观主义。

三、《子夜》的故事情节

《子夜》的故事发生在 1930 年的 5 月到 7 月,主人公吴荪甫是民族资本家,一心想要发展民族工业,经过与买办金融资本家赵伯韬殊死斗争后,最终仍是破产,被迫将产业卖给帝国主义,走向买办化,也代表着中国民族资产阶级的悲剧命运。

《子夜》共十九章,结构严密,情节巧妙,张弛有度。第一章至第四章是故事的开端,第一章通过吴老太爷进城来展示社会背景和自然环境,拉开序幕。第二、三章写吴老太爷的丧事,交代小说的主要人物,并勾勒出复杂的人物关系,点明吴荪甫的发展计划,为"三大火线"埋下了伏笔。紧接着第四章写双桥镇农民斗争。

第五至十八章写吴荪甫、赵伯韬之间的矛盾冲突。其中,第五至八章是吴、赵之间的第一次斗争,写了吴荪甫在镇压工人罢工和公债投机中暂时取胜。第九至十二章中吴、赵斗争更加尖锐,写李玉亭受吴荪甫之托与赵伯韬谈判之后,吴、赵在公债市场展开斗法,而公债资金紧张的吴荪甫只能压低工人工资,并接连在两条战线上失利,陷入困境。第十三至十八章是吴、赵面对面斗争阶段,吴荪甫在经历了工人罢工后,腹背受敌,困难重重,与赵伯韬的斗争形势至此而急转直下,吴荪甫最终失去了八个厂,抵押财产,决定在公债市场孤注一掷。

第十九章写关键时刻杜竹斋投向"多头",吴荪甫众叛亲离,彻底破产,差点自杀,最终选择出走。

四、《子夜》的人物形象

《子夜》在错综复杂的社会关系中展现了各阶级各阶层人物的性格和命运,通过对人物的言行、情感和心理等多方面、立体化地描写,塑造了诸多性格鲜明的人物形象,大致可以分为资本家、封建地主、工人、革命者、知识分子、女性形象等。其中资本家有吴荪甫、赵伯韬、杜竹斋、周仲伟、王和甫、孙吉人等,地主有吴老太爷、曾沧海、冯云卿等,工人有朱桂英、余小妹、陈月娥等,革命者有克佐甫、蔡真等,知识分子有李玉亭、秋隼、范博文等,女性形象有林佩瑶、林佩珊、张素素、徐曼丽、刘玉英、冯眉卿等。

《子夜》的中心人物是民族资本家吴荪甫,他身处于半封建半殖民地的旧中国这一特殊历史环境中,在帝国主义、买办资产阶级和统治阶级的几重压迫下奋力拼搏,终究无法挽回地走向破产,这一过程也塑造了他多重的悲剧性格。一是吴荪甫强悍、富有魄力、敢作敢为。他年轻时曾游历过欧美,学得了办实业的经验,希望在民主法制的环境中发展民族工业,建立"工业王国"。为此他在双桥镇办实业,在上海独立经营裕华丝厂,施展铁腕廉价收购八个工厂以扩大企业范围,与王和甫等资本家成立益中信托公司,冒险靠投机来扩充资本。在整顿工厂、处理资金短缺、击破赵伯韬意欲吞并其企业的阴谋等方面,吴荪甫都表现出他的果敢、自信与魄力。二是在无法摆脱帝国主义经济侵略和买办资产阶级束缚的情况下,贪婪而自负的吴荪甫又表现出软弱、颓唐的性格。为了实现他的宏愿,敛聚钱财,他不仅大肆扩张,还贩卖军火,并妄想通过投机公债市场而大获全胜,结果陷入泥潭无法自拔,最终在与赵伯韬的殊死一搏中惨败。在遭到失败且有被吞并的危险时,他后悔办工厂,觉得脚下全是地雷,心里发抖准备投降甚至自杀,表现出软弱、颓唐的性格特点。三是吴荪甫在各种矛盾关系中表现出专横残暴、冷酷无情的性格特点。面对帝国主义经济的压迫,吴荪甫无力反抗,故而变本加厉地剥削工人以获得利益的补偿,在整顿工厂时冷酷无情地裁人、降低工资、增加工作时间,恶毒地盘剥工人的劳动,残酷地镇压工人罢工运动。而在家庭关系中,吴荪甫的封建传统意识根深蒂固,对待家人严厉冷酷、独断专横,一派封建家长作风,最终落得众叛亲离。《子夜》从多方面刻画了一个性格多变而充实丰满的典型人物,他果敢强悍却又有无穷的忧虑,自负刚毅却又软弱颓唐,道貌岸然却又冷酷残暴。吴荪甫的悲剧命运,不仅深刻地揭示了民族资产阶级的本质,也窥见了中国民族资产阶级必然的历史命运,通过这一艺术形象表明了中国并没有走向资本主义道路。

赵伯韬是中国20世纪30年代买办金融资本家的典型代表,他既是帝国主义垄断资产阶级在中国的代理人,也是国民党反动势力的代表。一方面赵伯韬奸诈狡猾,狂妄骄横。凭借美国金融资本的财力和反动统治势力的支撑,他为所欲为,在上海滩的金融界兴风作浪,打压和摧残中国民族工业。他暗算吴荪甫,致使他损失八万两银子,阻挠破坏益中信托公司发展,进行经济封锁,进而迫使吴荪甫进入公债市场。在吴、赵当面交锋时,赵伯韬奸诈狡猾地提出益中公司用全部财产做担保才可得到注资,而这实际上是他要吞并益中公司的计划。另一方面作为半封建半殖民地的特殊产物,他腐朽堕落、荒淫骄奢。赵伯韬肆无忌惮地玩弄女性,从交际花徐曼丽,到青年寡妇刘玉英、少女冯眉卿,他毫不掩饰且以此为荣,尽显其精神世界的堕落与肮脏。赵伯韬这一典型人物的意义在于表明中国民族资产阶级终将被帝国主义及其豢养的买办资产阶级所吞噬,中国在帝国主义的压迫下,更加殖民化了。

封建地主吴老太爷、曾沧海、冯云卿三人,共同反映了封建势力走向崩溃的必然性。吴老太爷恪守封建信条,反对儿子"离经叛道"的生活,一到上海就死去,代表着封建主义的脆弱,这一形象也体现了封建主义和资本主义的尖锐矛盾。曾沧海贪婪、残酷地剥削农民,道德败坏,死于农民暴动,暴露了封建地主阶级的反动本质,以及与农民阶级的激烈矛盾。而冯云卿是封建地主系列中刻画最成功的一个,他是靠放"高利贷"起家的地主,在金钱的诱惑下,进入公债市场,为获取利益,不惜利用女儿套取赵伯韬的公债行情,最终彻底破产。冯云卿体现了封建伦理观念正被资本主义金钱势力摧垮,而封建地主阶级也正向资本主义势力靠拢。

《子夜》将人物置于错综复杂的关系之中,塑造了一群性格鲜明、意义深远的人物形象,共同演绎出上海各阶级各阶层的社会场景,展开了以此为中心的整个社会生活的广阔画卷。

五、《子夜》的艺术风格

《子夜》不仅是一部思想内容深刻的革命现实主义巨著,更是一部独具艺术特色的力作,它以宏大而严谨的结构安排、立体而丰满的人物塑造、细腻的心理刻画等艺术表现形式,为中国现代长篇小说的创作提供了宝贵的经验。

(一)小说情节错综复杂,线索分明,结构宏大严谨

《子夜》既有纷繁的社会生活与复杂的革命斗争的展示,又有日常生活的描写,场面广阔,人物众多,情节错综复杂,作者以宏大的结构展开全景式的描写,以此囊括 30 年代初期中国社会生活的全貌。

为避免平淡,作品将情节集中在公债市场斗争、工人罢工、农民革命运动三条线索上,始终以吴荪甫和赵伯韬之间的矛盾冲突为主线,其中又巧妙地以吴荪甫这一中心人物引出各类人

物与各阶级的斗争。同时注重运用借题牵线、虚实结合等艺术手法，理清各条线索，交错发展下去，使得三条线索相互推进、互为补充，最终合成一个庞大而复杂的艺术结构。如开篇以吴老太爷入沪后暴卒来点明社会环境，引出主要人物和矛盾线索，表现吴荪甫想要发展民族工业的野心，进而埋下吴、赵斗争的伏笔。之后，以虚实结合的方式展开了吴荪甫与工人、农民之间的矛盾冲突，以实写的方式细致地描写了吴荪甫重用屠维岳破坏工潮运动、变本加厉剥削工人弥补公债市场的损失等行径，而在与农民的矛盾冲突中一直以虚写为主。吴、赵在控制与反控制的斗争中，最终历经多次交锋，终于以吴荪甫的破产而告终。作品虽然情节繁复，却线索分明，繁而不乱，张弛有度，组成了一个波澜壮阔、跌宕起伏的艺术整体。

（二）将人物置于典型环境，塑造了鲜明而丰满的人物形象

《子夜》选择了20世纪30年代初的中国，以十里洋场的上海作为中心地，进而将人物置于广阔历史与社会背景中，赋予人物时代的丰富性与复杂性。

作品善于将人物置于典型环境中，通过错综复杂的关系和激烈的矛盾冲突，多角度多侧面地刻画人物。如把吴荪甫放在20世纪30年代初期被帝国主义经济肆意侵略和买办资产阶级势力猖狂的上海这一典型环境之中，吴荪甫有发展民族工业的雄心，虽生不逢时，依然敢作敢为，有铁腕和魄力，想要摆脱帝国主义经济和买办资产阶级的束缚。而作为民族资本家的代表，又表现出两面性：他追逐利益，不惜剥削压榨工人阶级、镇压工农群众运动；他在公债市场上失败后，一蹶不振，企图自杀，彻底向买办阶级妥协，充分暴露了资产阶级的软弱性。将吴荪甫置于时代潮流之中，通过他与买办金融资本家、民族资本家、工农群众以及家人之间的矛盾冲突，从各个角度生动而形象地塑造了一个血肉丰富、性格复杂的民族资本家形象。

（三）小说注重细腻而深刻的心理描写，丰盈了人物的性格

茅盾在《子夜》中有意识地运用"心理辩证法"细腻而深刻地进行心理描写，窥探内心的起伏变化，使人物的性格更加鲜明而丰满。如吴荪甫在创办益中信托公司时，信心满满，但当失败时，却觉得无从下手，"因此他现在只能姑且喝几口酒，他的心情有些像待决的囚犯"，此处的心理描写生动地表现出了吴荪甫内心的烦躁、惶恐。除此之外，林佩瑶的失落与幽怨、蕙芳的青春与苦闷、杜竹斋在公债市场决战时的抉择、冯云卿教唆女儿时内心的矛盾等心理描写，都被描写得细致入微、淋漓尽致。

《子夜》标志着茅盾创作的一个高峰，是"在文艺上表现中国的社会关系和阶级关系"的"社会剖析小说"，对中国现代长篇小说的发展具有重要的意义。

【思考与讨论】

一、茅盾在早期小说中塑造了"时代女性"的群像，请结合《蚀》探讨茅盾笔下女性形象的共同点。

二、茅盾站在时代的高度，对时代进行"全方位"的正面描绘，《子夜》深刻地反映了20世纪30年代初期旧中国社会生活的丰富性和深刻性，请探讨《子夜》的人物形象对现实社会的映射。

三、《子夜》对人物心理描写贯穿小说始终，挖掘与揭示人物心理活动和深刻社会历史内容，请探讨吴荪甫丰富而复杂的心理活动。

第五章　现代派作家作品导读

第一节　现代文学中的现代派思潮

现代派思潮活跃于20世纪20年代末到30年代初的现代文坛。这一思潮萌生于动荡的世界格局，契合了中国当时内忧外患的时代环境，借由西方多样化的文学表现手法，从外向内浸润出一批反映作家苦闷和时代之音的佳作。

一、中外环境的影响与产生契机

中国现代派思潮产生的源头在西方。19世纪末20世纪初，西方资本主义的发展趋向饱和，各种矛盾日趋尖锐。西方传统的神学观念已经丧失权威，而人们面对现代文明，所见之处皆是时局的动荡、经济的衰退和道德底线的沦丧，加之随后爆发的第一次世界大战，使得人们对于资本主义的发展前景感到迷茫，进而产生信仰的缺失和精神的沮丧。

"在人与社会、人与人、人与自然（包括大自然、人性和物质世界）和人与自我四种关系上出现了全面的扭曲和严重的异化，各种现代主义的流派应运而生。"[①]在欧洲大地上，面对现代文明的桎梏，强调表现自我的表现主义，主张"精神革命"的超现实主

---

① 刘增杰、关爱和主编：《中国近现代文学思潮史（上卷）》第十四章《现代主义文学思潮的鼎盛》，上海：上海文艺出版社，2008，第535页。

义,反叛传统的未来主义,在现代哲学和心理学的基础上衍生而出的意识流文学,一系列审视现代文明、探讨信仰危机的现代主义流派应运而生。

现代派思潮像一股热浪奔涌向世界,震荡着人类的心灵。此时的中国,正处在内忧外患的至暗时刻,在"西学东渐"和五四运动的浪潮中,纷繁多样的西方现代主义流派涌入中国,为现代派思潮在中国文坛的兴起提供了契机。随着1927年大革命的失败,白色恐怖的氛围笼罩中国文坛。当热情被浇熄、理想被践踏,作家群体内心苦闷与失落的情绪成为一种"通病",这与西方现代派在情绪的"痛点"上不谋而合,情绪的共鸣成为西方现代派思潮在中国文坛兴起的心理契机。一些受限于自由表达的作家,在紧张的政治氛围下,选择放下现实主义的文学传统,开始运用西方现代派的手法表达内心苦闷、探索心灵世界。此外,一些留学海外的中国作家,他们有着中西交汇的文学视野,目睹过资本主义的荒淫腐朽,又在饱受歧视的环境中承受着内心的煎熬,这种压抑苦闷、悲愤感伤的心理,以及对西方现代派更为深刻的了解和体验,使他们可以将西方现代派思潮更好地融入中国的创作环境。

西方现代派思潮在旧中国的裂变中得以传播,内忧外患的时代氛围、中西交汇的作家视野、中外相通的心理契机,这些因素交织在一起,使得象征主义、意识流、精神分析等西方现代派表现手法被大量应用在中国现代诗歌和小说的创作中,形成了较为独立的文学流派,成为20世纪20年代末到30年代初的一股热潮。

二、现代派思潮在中国文坛的兴起

在五四运动的助推之下,西学东渐成为一股风潮。陈独秀创办的《新青年》对源自国外的各种文学流派都采取了开放的态度,积极的译介各类作家作品和文学思潮,雨果、王尔德、泰戈尔、狄更斯等作家的作品在知识分子群体中广泛传播,这种开放的环境为西方现代派在中国的着陆提供了良机。随后,《小说月报》又肯定了象征派、唯美主义和尼采哲学思想等有别于现实主义的流派在文学创作中的价值。

20世纪20年代初期以来,产生了一批译介和研究西方现代派思潮的文章。徐志摩的《未来派的诗》、田汉的《新罗曼主义及其他》、幼雄的《达达主义是什么?》、希真的《霍普曼德的象征主义作品》、张闻天的《波德莱尔研究》等等,都是早期关注西方现代派的例子。

此外,在西方现代派的哲学基础层面,也出现了樊仲云的《精神分析学与文艺》、冯友兰翻译伯格森的《心力》等作品。研究象征派的"狮吼社"和探索印象派的"摩社"也是较早关注西方现代派的社团。作品的译介和理论的探讨,为现代派思潮在中国文坛的兴起打下了坚实的基础。

从作家的创作层面来看,西方现代派思潮在小说、诗歌、散文和戏剧各个领域的发展都有迹可循。在小说方面,鲁迅是将其引入小说创作的先行者。作为现代文学史上第一部白话小说《狂人日记》,鲁迅就将"狂人"的心理活动和潜意识呈现给读者,以高度象征的手法抨击现实。在历史小说《不周山》(后改名《补天》)的创作中,他更是坦言:"取了茀罗特说,来解释创造——人和文学的——的缘起。"[①]作为中国最早的现代文学社团之一,创造社也将现代主义因素引入其中,社团主要成员郭沫若、郁达夫、王以仁、白采等都是现代派小说早期的实践者。

在诗歌方面,郭沫若作为创造社的精神领袖,在诗集《女神》中就以惠特曼式的自由奔放、狂飙突进的激越风格歌颂了"五四"时代精神。《天狗》就是诗集中运用现代主义因素的典型,郭沫若称其是"极丰富的生活由纯粹的精神作用所升华过的一个象征世界"[②]。随着"五四"文学的退潮,后期新月派的诗人们,也

---

① 鲁迅:《〈故事新编〉序言》,载《鲁迅全集》第2卷,北京:人民文学出版社,1981,第341页。
② 郭沫若:《批评与梦》,载《沫若文集》第10卷,北京:人民文学出版社,1959,第112页。

受到了波德莱尔等西方现代派诗人的影响,在闻一多、徐志摩、孙大雨等该派代表成员的诗篇中,都出现了不少具有象征主义色彩的作品。

在散文方面,鲁迅的散文诗集《野草》,呈现出如梦魇一般超越现实的荒诞和变形,表现了自我意识的流动,运用象征主义等表现手法创设意象意境、探索心灵世界,这些都体现了现代派的特征。在戏剧方面,田汉对新浪漫主义的发掘和表现,也为中国戏剧注入了现代主义因素。

20世纪30年代,西方现代派思潮在中国文坛有了更进一步的发展,尤其是在小说和诗歌方面,形成了相对比较独立的文学流派——新感觉派和现代诗派。更为难得的是中国现代派并没有完全照搬西方,而是着眼于中国的社会现实和本民族的文化底蕴,在中西交汇的视野中,以西方现代派的表现手法描摹中国由传统走向现代的裂变与心灵的阵痛。30年代中国现代派的兴盛,也为之后张爱玲、钱锺书等作家中西合璧的小说创作以及40年代"中国新诗派"的崛起开辟了道路。

三、代表文学流派

现代派思潮在中国文坛最具有代表性的两个流派,都与一本杂志密切相关,这本杂志就是《现代》①。在小说方面,《现代》杂志的创办使新感觉派的力量集结于此,进入了创作的高产期。在诗歌方面,现代诗派也正是因为《现代》杂志的"现代"二字而得名。

(一) 新感觉派

新感觉派活跃于20世纪二三十年代的上海,代表作家有施

---

① 1932年5月,施蛰存主编《现代》杂志,推崇现代主义,发掘具有独创性的文学作品。从第三卷第一期开始由施蛰存和杜衡合编,施蛰存、戴望舒、刘呐鸥、穆时英等人经常给《现代》撰稿,"现代派"由此得名。

蛰存、刘呐鸥、穆时英等。该派的形成,受到了日本新感觉派的影响。1924年到1927年间,在日本东京,为《文艺时代》杂志撰稿的作家川端康成、横光利一等人,受到西方现代派的影响,注重表现内心世界,强调直觉和主观感受,将个人情感赋予外部客观世界,并以此重塑"现实"。这种将涉猎新奇的感觉进行表现的手法,被当时的日本评论家千叶龟雄形象地称为"新感觉派"。

中国的新感觉派,则以上海这一光怪陆离的都市形象为底色,以现代人的眼光将小说人物的意识与潜意识、心理活动等暴露出来,以新奇的感受和体验重塑"现实",将中国都市与乡村、现代文明与传统文化的碰撞,以有别于现实主义文学传统的现代派技法加以表现。正如楼适夷对施蛰存小说的评价:"比较涉猎了些日本文学的我,在这儿很清晰地窥见了新感觉主义文学的面影。"[①]中国的新感觉派由此得名。

从1928年刘呐鸥创办的《无轨列车》,到1929年施蛰存、戴望舒、刘呐鸥等人共同创办的《新文艺》,新感觉主义的创作倾向明显增强。随后,刘呐鸥出版了中国新感觉派的第一部小说集《都市风景线》。1932年5月,施蛰存创办《现代》杂志,该派的创作进入繁盛时期,穆时英的《上海的狐步舞》、刘呐鸥的《赤道下》、施蛰存的《梅雨之夕》等作品皆发表于此。

值得一提的是该派并没有明确的文学宗旨和统一的文学口号,而是因为作家相似的题材选择、审美情趣、表现技法等因素被划归为同一流派。施蛰存的心理小说创作就是一个特例,他的创作从西方现代派中直接汲取养分,受到了弗洛伊德精神分析学的影响和奥地利小说家施尼茨勒等人的启发。虽然,施蛰存并未从日本新感觉派获取灵感,但毕竟日本新感觉派的理论基础起源于西方现代派,因此,施蛰存的作品呈现出与新感觉派相通的气质,也就不足为奇了。

1935年,施蛰存、杜衡主编的《现代》杂志停刊。伴随着中国

[①] 楼适夷:《施蛰存的新感觉主义——读了〈在巴黎大戏院〉与〈魔道〉之后》,《文艺新闻》1931年第33期。

动荡不安的时局,该派的作家们在创作上有了各自不同的选择,新感觉派逐渐走向没落。虽然,该派在内容和格局上并未展现出高度的历史使命感,但却创造了真正意义上的都市文学,以现代派的表现技法描摹都市浮华背后的病态心灵,显示出其独特的文学价值。

(二) 现代诗派

1932年,随着《现代》杂志的创办,现代诗派应运而生。施蛰存作为《现代》杂志的主编,曾经这样描述现代派的诗:"《现代》中的诗是诗,而且是纯然的现代的诗。它们是现代人在现代生活中所感受的现代的情绪,用现代的词藻排列成的现代的诗形。"①这一诠释,表明了现代诗派的立场和艺术追求。现代文明给古老的中国大地带来了强烈的冲击,诗人们以在这种强烈的冲击下生活着的"现代人"自居,并将因此感受到的迷茫、失落的情绪作为"现代的情绪"进行创作。在屈辱的历史进程中,诗人们以纯粹的诗情抒发内心的苦闷,无论古今、中西,"辞藻"和"诗形"只是诗人们表达情绪的武器。在乱世的泥沼中,诗人们以"挣扎者"的身份抒写现代性的诗行,以杂糅中西的眼光、颇具象征性的笔法,创造出独特的诗歌意境,抒写心灵的迷惘与惆怅,表达对现实的困惑与不满。该派的代表诗人有戴望舒、卞之琳、废名、何其芳等。戴望舒的诗集《望舒草》,由卞之琳的《数行集》、何其芳的《燕泥集》、李广田的《行云集》组成的诗歌合集《汉园集》等,都是该派的代表作品。

虽然,现代诗派以"现代"二字命名,但是究其根源,它的出现是以20年代早期的象征派诗歌和后期新月派对象征主义诗歌的探索为基础的。法国象征派诗歌对现代诗派有着深远的影响。然而,在20年代早期,象征派诗歌的代表人物李金发,"第

---

① 施蛰存:《又关于本刊的诗》,《现代》1933年第4卷第1期。

一个人介绍它到中国诗里"①。李金发擅长以象征主义的手法，营造颓废与神秘的氛围，表现诗歌病态的美感。后期新月派的诗人们也对象征派诗歌进行了实验。这些有益的尝试，都为现代诗派的形成奠定了基础。

20世纪30年代，除了《现代》杂志以外，在全国范围内也出现了不少提倡现代派诗歌的刊物。《新诗》《诗页》《小雅》《诗志》等刊物蜂拥而至，形成了现代派诗歌创作的热潮。随着戴望舒主编的《现代诗风》和戴望舒、冯至、卞之琳等共同编辑的《新诗》月刊的相继出版，现代诗派在诗歌理论和创作层面都有了长足的发展，进入成熟时期。现代诗派以其中西合璧的文学视野和艺术追求，拓宽了现代新诗的表现范畴，不仅在30年代的中国文坛举足轻重，对40年代"中国新诗派"的崛起，乃至当代诗歌的创作都深有启发。

第二节　戴望舒诗歌导读

作为现代文坛的一位"寻梦者"，戴望舒以"雨巷诗人"的形象走进公众的视野。在时代的裂变中成长起来的诗人，以自身的生命体验幻化出饱含情感的诗歌意象，与时代的情绪产生共振，创作出一批抒写时代与心灵碰撞的佳作。

一、作家小传

（一）生于忧患

戴望舒（1905—1950），浙江杭州人。名承，字朝安，别号梦鸥（署见《兰友》）、雨巷诗人（因作《雨巷》诗闻名，人称之），乳名

---

① 朱自清：《〈诗集〉导言》，载朱自清选编《中国新文学大系》第八集《诗集》，上海：上海良友图书印刷公司，1935，"导言"第3页。

海山(因出生于山海关而名),笔名望舒、艾昂甫、白鸥、江思等。中国现代派著名象征主义诗人、翻译家。"望舒"这一笔名取自屈原的《离骚》"前望舒使先驱兮","望舒"是神话中为月神驾车之神,诗人以这一美好形象来寄托自己光明纯洁的理想。然而,诗人生于腐朽的清朝末年,自幼就感受到了时代的动荡和病痛的折磨。他遗传了父亲的哮喘病,三岁又患上了天花,治愈后脸上留下了瘢痕,经常受到周围人的取笑,直到成年后仍有挥之不去的阴影。生于忧患的诗人,一方面在江南水乡的清幽雅致中,为以后诗歌中那种古典优美的意境创设汲取了灵感;另一方面,屈辱的历史进程和个人成长经历,也为诗人增添了一层如江南水乡般烟雨朦胧的惆怅心境。

(二)求学之路

1913年,戴望舒就读于鹾武小学。半殖民地半封建社会的时代氛围,使从小便酷爱读书的戴望舒有机会接触到西方的文艺经典,加上他对古典诗词小说的涉猎,诗人融贯中西的文学眼光开始萌芽。戴望舒14岁考入宗文中学,17岁便有了自己公开发表的作品。出于对文学的喜爱,1923年他考入上海大学文学系,1925年转入震旦大学,在此期间他学习了法语,开始接触波德莱尔、魏尔伦等法国象征主义诗人的作品。1926年毕业后,戴望舒从事了一系列进步的文学活动,至1932年,他已经成为中国现代派诗歌的领军人物。

然而,诗人并不满足于此。1932年底,27岁的戴望舒又踏上了法国留学之路。在此期间,诗人出于对洛尔迦诗歌的喜爱,还专门奔赴西班牙进行文学旅行。

(三)寻梦之旅

早在1922年,戴望舒就在鸳鸯蝴蝶派的刊物《半月》上公开发表了自己的小说《债》。同年9月,他与施蛰存、张天翼等人因共同的文学爱好在杭州成立了"兰社"。

1926年大学毕业后，戴望舒正式开启了他的寻梦之旅，以满腔热情踏上了文坛。他与施蛰存、杜衡等人创办《璎珞》旬刊，开始发表诗作。1927年，随着大革命的失败和国民党白色恐怖的袭来，诗人在理想的幻灭中感受到了前所未有的失落感，带着这种具有时代共性的情绪，他创作出了《雨巷》。1928年，诗人痛定思痛，与施蛰存、冯雪峰等人创办《文学工场》。1929年，戴望舒的第一部诗集《我的记忆》问世。1932年，戴望舒出任《现代》杂志的编辑，并带着自己的文学理想远赴法国留学。1933年，他的第二部诗集《望舒草》出版。1936年，归国后的诗人与卞之琳、孙大雨、冯至等人创办了《新诗》月刊，这本期刊虽然只有短短的十期，但是却成为了现代诗派和新月派交流的重要载体。1937年，戴望舒的第三部诗集《望舒诗稿》出版。至此，诗人以象征主义诗歌为帆远航的寻梦之旅告一段落。

　　抗日战争全面爆发后，戴望舒忧郁的诗绪逐渐被抗战的激情所取代。诗人远赴香港从事进步的文学活动，以革命的实际行动抚慰诗歌中失落的"理想"，甚至因宣传革命，一度被日本人监禁入狱。40年代，诗人写出了《题狱中壁》《我用残损的手掌》这样直击现实、展露爱国主义情怀的热血之作，一改30年代现代派诗歌的象征主义手法和个人化抒写风格，吹响了民族解放的号角。1948年，戴望舒的最后一部诗集《灾难的岁月》记录了中华民族集体的创痛。1950年，这位从江南水乡里走出来的"雨巷诗人"，在一声叹息中与世长辞，病逝于北京。庆幸的是，诗人等到了祖国的解放，看到了他所期待的光明未来。至此，戴望舒的寻梦之旅画上了句号。

二、诗歌创作

　　卞之琳曾这样评价戴望舒的诗歌创作："在亲切的日常说话调子里舒卷自如，锐敏、精确，而又不失它的风姿，有节制的潇洒和有工力的淳朴。"①这种融合中西、浑然天成的风格,使戴望舒在现代新诗的舞台上独树一帜。

(一) 适度的美学原则

戴望舒的诗歌创作,在语言上褪去了"五四"时期的"白话"色彩,在意象意境的创设上,也没有了早期象征主义诗歌浓厚的隐晦之感。同时,诗人一改现代新诗过分西化的面貌,将中国传统文化因素巧妙地融入诗歌,表达了颇具现代性的时代主题。从整体上来看,戴望舒的诗歌创作呈现出适度的美学原则。在早期象征派和后期新月派探索的基础之上,戴望舒完成了中国象征主义诗歌"由过度隐晦到隐藏适度的美学转折"②。《雨巷》中所透露的忧郁的诗情,打破了时空的局限,让不同时代的读者都能感受到诗人孤寂无奈的心境。然而,诗人并非通过直白的方式让读者感受到这种心境,而是将满怀的期待和失落之感,以象征主义的手法寄托在了"丁香一样的姑娘"这一从东方画卷上走出来的美好形象上,委曲婉转地将他对美好理想的寻而不得,以及深深的期盼与渴望表达出来,让人读起来没有过分的晦涩之感,反而能从含蓄内敛的意象中感受到典雅之美,在调和中体现了诗人适度的美学原则。

(二) 古典与现代的融合

戴望舒擅长在古典的意象意境中寻找素材,将东方的美学佐以象征主义的表现手法,表现自身在时代的裹挟下苦闷忧郁的心境。他将知识分子由传统跨入现代的曲折心境以这种中西合璧的方式反映出来,在古典与现代的融合中显示出从容的姿态。《印象》一诗中"古井""残阳"等意象,将读者带入一种幽深寂寞的境地,颇有中国古典诗词触景生情的韵味。然而,诗人将

---

① 卞之琳:《〈戴望舒诗集〉序》,载戴望舒《戴望舒诗集》,成都:四川人民出版社,1981,"序"第5页。
② 孙玉石:《我思想,故我是蝴蝶……》,载姜涛主编《中国新诗总系(1927—1937)》,北京:人民文学出版社,2010,第18页。

这些古典的意象融入具有现代性的语言中,用散文化的笔法进行铺排,以朦胧象征的手法堆砌符合诗人情绪的意象,这大大超出了古典诗词的表现范围。为了表现心境,诗人将客观世界进行了重组,幽微的铃声、迷失的渔船、堕入暗井的珍珠等意象的构建,都是为了展现诗人落寞无助的心境。诗中所展现的世界并非客观真实,而是想象中承载了诗人情绪的事物,通过叠加组合的方式逼近诗人的心理真实。在古典与现代的和谐共生之中,戴望舒融合中西为一体的深厚功力得以体现。

(三)诗歌的情绪节奏

从戴望舒的代表作《雨巷》中,我们不难看出诗人对于诗歌音律节奏的重视。但是,随着诗人对诗歌艺术追求的深化,在不断吸收借鉴和反思的基础上,诗人对诗歌韵律有了新的认识,他认为诗的韵律不在字的抑扬顿挫上,而在诗的情绪的抑扬顿挫上。[①]《我的记忆》这首诗歌的亮点之一是将平淡无奇的生活细节赋予深厚的情感,进而铺陈出诗歌的情绪节奏。在诗人的想象中,记忆成了他的"老朋友",生活的点点滴滴都因为情感的带入而变得鲜活。通篇几乎都以排比的句式叠加而成,无论是平淡的日常细节,还是对"记忆"这一老友行为性情的描述,诗人都以轻柔的节奏舒展开来,却在层层微波的轻击下,打破了诗人回忆的美梦——"凄凄地哭了""沉沉地睡了"将诗人由"记忆"这一精神避难所拉回到孤寂迷茫的现实中。诗歌内在情绪的沉重和外在诗行的柔和形成了强烈反差。在松散的结构中,诗歌内在的情绪张力像一只无形的手,紧紧地牵动着读者的内心,在朦胧的诗意中展现出现代派独特的诗歌魅力。

此外,戴望舒的诗歌并非仅受到了法国象征主义的影响。他的创作在不同的历史时期,吸收借鉴的养分是不一样的。在30年代,诗人就曾受到苏联文学的影响,写下了《流水》《我们的

---

① 戴望舒:《诗论零札》,载《戴望舒诗全编》,杭州:浙江文艺出版社,1989,第691页。

小母亲》等具有无产阶级意志的诗歌。抗战全面爆发后,诗人高涨的爱国主义激情和民族解放的理想,更是改变了他诗歌创作的倾向。戴望舒回归到了现实主义的创作道路,写下了《我用残损的手掌》《狱中题壁》等诗作。此时的诗人已不再彷徨,褪去了时代个人苦闷的情绪,朝着他心之所向的光明未来,在民族解放的大潮中吹响战歌!

三、《雨巷》导读

雨巷

撑着油纸伞,独自
彷徨在悠长,悠长
又寂寥的雨巷,
我希望逢着
一个丁香一样地
结着愁怨的姑娘。

她是有
丁香一样的颜色,
丁香一样的芬芳,
丁香一样的忧愁,
在雨中哀怨,
哀怨又彷徨;

她彷徨在这寂寥的雨巷,
撑着油纸伞
像我一样,
像我一样地
默默彳亍着,
冷漠,凄清,又惆怅。

她静默地走近
走近,又投出
太息一般的眼光,
她飘过
像梦一般地,
像梦一般地凄婉迷茫。

像梦中飘过
一枝丁香地,
我身旁飘过这女郎;
她静默地远了,远了,
到了颓圮的篱墙,
走尽这雨巷。

在雨的哀曲里,
消了她的颜色,
散了她的芬芳
消散了,甚至她的
太息般的眼光,
丁香般的惆怅。

撑着油纸伞,独自
彷徨在悠长,悠长
又寂寥的雨巷,
我希望飘过
一个丁香一样地
结着愁怨的姑娘。

创作于1927年夏

(原载1928年8月《小说月报》第十九卷第八号)

尽管《我的记忆》作为现代派诗歌更具有代表性,更能体现出诗人于平凡中见诗意的个人风格,然而,《雨巷》却能跨越时空的距离,唤醒人们对美的感知力,与一代又一代的读者产生共鸣,成为流传的经典。

(一)时代的共情

《雨巷》创作于1927年,这是中国历史进程中至暗的一年。伴随着国民党白色恐怖的袭来,投身革命的热血青年惨遭屠杀,令人窒息的时代氛围无处不在。此前为革命理想点燃心火的青年们,在沉痛的打击下无不情绪低迷。戴望舒正是参与革命文艺工作的一员。1927年3月,诗人还曾因为宣传革命惨遭逮捕。"四·一二"政变后,诗人隐居松江,在失落和迷茫中追忆往昔的理想,对光明美好的未来仍心存渴望。诗人的这种情绪在很大程度上反映了当时进步青年共同的心声。《雨巷》正是诞生于这样的时代氛围中。

(二)中西合璧

诗人并没有直接控诉时代,而是运用象征主义的手法创设情境,将个人情感寄托在"丁香一样的姑娘"这一意象上。诗人撑着油纸伞,穿梭于那个幽深寂寞的雨巷,与"丁香一样的姑娘"擦肩而过,这个饱含象征性的情境,给人一种似梦非梦的感觉。第一人称"我"的代入感,看似诗人的亲身经历,但是却被"像梦一般地"描述打破了。这里诗人模糊了真实和想象的界限,在亦真亦幻的朦胧感中给人以无限的遐想空间。

在诗人创设的情境中,我们不难感受到诗人内心的忧郁苦闷,但是这种情绪产生的根源,却无法通过诗歌感知。虽然我们通过探究作者经历和时代背景等因素可以窥见一二,却不能知其全貌。诗人通过隐喻的方式进行抒情,在意象和意境的创设中含蓄地表达自己的情绪,这也正是诗人从西方现代派中习得的精髓,为诗歌营造了更为丰富的阅读体验。

在意象的选择上,诗人没有为了表现"现代性"而选择新潮的形象,反而是在古典诗词中汲取灵感,将长在中华民族传统文化基因里的形象赋予新的时代内涵,以此展现出诗人融合中西为一体的深厚功力。中国自古就有以"丁香"表现忧愁的诗歌传统,李璟的《浣溪沙》"丁香空结雨中愁",李商隐的《代赠》"芭蕉不展丁香结,同向春风各自愁"等诗句都体现了这一传统。然而,诗人在运用"丁香"这一形象时却在传统寓意的基础上进行了改造。"丁香一样的"姑娘总体上给人的感觉是忧愁的,但是诗人也强调了她的美好。在象征性情境的创设中,这一形象寄托了诗人对理想和美的追求,同时也表现了诗人对理想和美求而不得的愁苦之情。

在语言的运用上,"丁香一样地结着仇怨的姑娘"与"丁香空结雨中愁"相比,更加能体现出现代的气息。诗人通过现代散文化的语言表现情感张力,将"丁香一样"充满美好希望的情绪,与"结着愁怨"忧愁失落的情绪碰撞在一起,在语言的对立冲突中让读者体验到复杂矛盾的情绪,使人们产生期待与哀叹交织的情绪波澜。

(三) 音韵之美

《雨巷》以回旋的音乐节奏,契合了诗人所创设的那个彷徨无依的"雨巷"心境。诗歌的第一节和最后一节前后呼应,除了将"逢着"改为"飘过",其他完全一致,给人一种读到最后仿佛又回到起点的错觉。全诗正是在这种"既是终点又是起点"的回旋节奏中展开的。

每一节诗中都有两到三次的押韵,诗歌从头到尾没有换韵,在整体上呈现出音韵的和谐。在一节诗内,字句的重复也很常见,如"丁香一样的颜色,丁香一样的芬芳,丁香一样的忧愁"。这里复沓的表现手法,增强了诗歌的抒情氛围,使诗歌处于一种回旋往复的音乐节奏中,一层层铺陈出诗人复杂的心绪,宛如一曲期待与哀叹交织而成的哀歌,回荡在心头挥之不去。诗中甚至还出现了上行句末与下行句首重复的现象,如"在雨中哀怨,哀怨又彷徨"等。字句在重复中呈现出渐强的音乐节奏,节奏的回旋也呼应着诗人无法走出的精神困境。

诗人善于将抽象的情感以具体的形象来加以表现,并由此体现出诗歌内在的情绪节奏。"雨巷"既暗示了阴霾的时代氛围,又是诗人苦闷心境的象征。诗人无法走出的雨巷,始终回旋着迷惘的情绪。美好易逝如"丁香一样地结着仇怨的姑娘",待到梦醒时分,空留诗人孤寂彷徨的情绪,回旋在残酷的现实中……情绪的抑扬顿挫通过意象的传递变得真实可感。在《雨巷》中,戴望舒将苦闷压抑的情绪放置在回旋悦耳的节奏里,这份曲径通幽的淡雅与从容,始终给人以美的体验。

第三节　施蛰存小说导读

施蛰存作为《现代》杂志的主编,对现代主义思潮在中国文坛的蓬勃发展起到了至关重要的作用。他所创作的小说,深受现代主义的影响,反映了知识分子由传统文化走向都市文明的曲折心理,开创了现代心理分析小说的典范。

一、作家小传

(一) 从水乡到都市

施蛰存(1905—2003),浙江杭州人。原名施德普,又名施青萍(1923年自印小说《江干集》署名),字安华,笔名青萍、施蛰存(1923年7月23日《时事新报·文学》始用)、薛蕙、江思(与戴望舒、杜衡合署,用于译作)等。他8岁时随父亲定居松江,在古典诗词的浸染中成长。17岁考入杭州之江大学,随后转入上海大学学习。1926年秋,施蛰存转入震旦大学法文班,其间还加入了共青团。在动荡的时局中,他的上海求学之路以肄业告终。然而,这段求学经历却为他的文学创作打开了一扇大门。从江南水乡到上海大都市,施蛰存的眼界不断开阔,人生阅历也逐渐丰富起来。上海繁华的都市环境、开放的国际氛围和江南水乡的古典气质大相径庭。正是在这种中西方文化的碰撞中,施蛰存摸索出了属于自己的创作风格。

(二)编辑与执教生涯

1927年"四·一二"事变后,施蛰存回到了儿时的故居松江,开始了中学执教生涯。然而,他心中已经点燃的文学梦想不会就此熄灭。1928年末,他与好友戴望舒、刘呐鸥一起在上海开了一家书店,名为"第一线书店",自己还担任了营业员一职。同时,参与编辑《无轨列车》《新文艺》等刊物,开始了他的编辑生涯。直到1932年,施蛰存已经成长为现代派的主要阵地——《现代》杂志的主编,他对现代派在文学理论建设和小说创作等方面都做出了卓越贡献。

抗战全面爆发以后,施蛰存再次回归执教生涯,先后在云南大学、厦门大学、上海暨南大学等地任教。新中国成立后,他长居上海,并于1952年调华东师范大学中文系任教授,将毕生所学贡献给祖国的教育事业。1997年荣获华东师范大学中国语言文学系终身成就奖。

(三)现代心理小说的开拓者

施蛰存创作颇丰,著有短篇小说集《上元灯》《将军底头》《梅雨之夕》《小珍集》等,散文集有《灯下集》《待旦录》,在翻译和学术著作上也颇有建树。然而纵观他的创作生涯,最引人瞩目的是他在20世纪30年代左右创作的现代心理小说,代表作品有《将军底头》《梅雨之夕》《春阳》等。他的现代心理小说创作,有着纯正的借鉴来源,不像新感觉派的大多数成员从日本新感觉派那里转手而来,而是直接以精神分析、意识流、蒙太奇等多种现代主义的表现手段,揭露笔下人物隐秘的内心世界。施蛰存在动荡的时局中仍敏锐地察觉到了人们心灵的变化,成为现代心理小说的开拓者。

新中国成立以后,施蛰存的心理小说并未得到应有的重视。直到20世纪80年代,随着文化专制的破除,现代主义思潮重归文化视野,施蛰存的心理小说才有了一席之地。2003年11月19日,施蛰存病逝于上海,享年99岁。

二、小说创作

(一)创作历程

施蛰存的小说创作集中在20世纪二三十年代。从1923年开始,他的小说集相继问世。早期的《江干集》《娟子姑娘》《追》是他在探索时期的文学创作,并没有形成鲜明的个人风格。直到《上元灯》的出版,他才有了自己认可的第一部短篇小说集。这部作品集颇有追忆年少时光的意味,包含着浓浓的怀旧心理。其中,《周夫人》《宏智法师的出家》等小说已经显现出心理分析的倾向。

施蛰存心理小说创作的基础,源于他对西方现代主义的吸收和内化。二三十年代之交,施蛰存翻译了奥地利作家施尼茨勒(Schnitzler A.)的心理小说《多情的寡妇》《薄命的戴丽莎》《爱尔赛之死》,并称为《妇心三部曲》。这位作家成功地将弗洛伊德的精神分析法用于小说创作,这一举动让施蛰存深受启发。他开始将创作的重心放在心理小说的实验上,在中西文化交融的视野中探索创作风格。

20世纪30年代,施蛰存发表了《将军底头》《梅雨之夕》《善女人行品》等小说集,他的心理小说创作日趋成熟。无论是历史题材还是现实生活题材,施蛰存对作品人物心理的把握都游刃有余。1936年,他的最后一部小说集《小珍集》出版,虽然仍可以窥见心理分析的端倪,但是施蛰存已经基本回到了现实主义的创作之路。

回顾施蛰存的小说创作,不难发现他真正的热爱在于不断地探索和追求。一个真正的作家,只有在多元的尝试中才能发现真正的自我。施蛰存正是如此,浸润着东方的古典文化,吸收着西方的现代思想,在中西文化的碰撞中表现着人性的冲突,创造出中国现代心理小说的典范。

(二) 创作题材

在小说题材的选择上,施蛰存有两个明显的倾向。一种是历史题材,代表作有《鸠摩罗什》《将军底头》《石秀》。这三部小说的主人公分别是古代的高僧、名将、英雄,这些角色的共性是往往因为声誉而背负了过重的身心负担。而人之所以为人,难免会受限于本能的驱使。这些表面上看起来超脱的理性人物,他们内心可能存在着比常人更为激烈的灵与肉的冲突。施蛰存正是针对这一类型人物隐秘的心理冲突,在创作中另辟蹊径。《将军底头》里的将军花惊定身上就展现了这种灵与肉的强烈冲突。军队里一个骑兵因企图奸淫少女而被斩去首级,但将军望着那个美丽的少女,内心也产生了罪恶的欲念。恍惚间,将军看到那个被斩首的头颅对着自己奸笑,仿佛看穿了他内心的真实想法。一方面,他认为淫欲有罪,斩首有理。另一方面,他也在努力地压制自己内心罪恶的情欲。这让将军不禁感慨自己与这骑兵竟是如此相似。将军内心矛盾的心理被施蛰存放大出来,性压抑的苦闷这一主题在"将军"这一崇高形象中体现得更为彻底。

另一种是现实生活题材。《梅雨之夕》《春阳》是其中的名篇。这类作品往往不重情节,而是聚焦于人物内心复杂的心理活动。《梅雨之夕》写了一个上海小职员归家途中的艳遇,进而产生的一系列幻想情节和隐秘的性心理。《春阳》描述了一个抱着丈夫牌位成亲的女性,在继承财产后内心的寂寞和压抑的性心理。当她看到别人一家三口其乐融融的画面，不禁心生嫉妒。当她看到风度翩翩的男子，也会幻想和他交往的画面。当她自以为有魅力却被冰冷的现实打击时，内心虽然恼羞成怒，却只能强颜欢笑，在心里默默流泪。这一系列复杂的心理活动串联起一个被封建意识和钱财所困的精神囚徒形象。

（三）创作特色

首先，施蛰存的小说创作往往不重情节，而是着重展示人物复杂多变的心理活动。其次，运用弗洛伊德的精神分析理论创作"心理小说"，表现人物的意识与无意识，描写双重人格，塑造显性人格和内心隐秘人格的反差感，探索时代之于人的枷锁，突出作品的现代性主题。再次，施蛰存的小说创作有着城乡二元的创作倾向。他的小说中往往体现了都市与乡镇、现代与传统的价值冲突。最后，从性意识的层面来表现人性，探索人类精神世界，这是施蛰存小说创作的又一特色。

三、《梅雨之夕》导读

《梅雨之夕》描写了一个上海大都市的普通小职员在下班归家途中的一场艳遇。然而，这场艳遇并没有什么实际的故事情节，小职员与这位美丽的女子也几乎没有交流，通篇都以小职员内心泛起的波澜和思绪的飘散推进情节，以小职员的思绪回归现实作为结束。

（一）意识流的表现手法

意识的流动和发散营造了《梅雨之夕》作为心理小说的氛围感。小职员由眼前这个陌生的美丽女子联想到自己的初恋，因而想确认对方的身份，当他得到了失望的回答后内心疑云翻滚，对初恋那份美好的回忆也被中断，转而被一阵突然而来的风，由眼前人美好的姿态联想到《夜雨宫诣美人图》画中人的风姿，并在幻想中进行了对比,发现眼前人与画中人并不相像,进而觉得眼前人并非初恋,只是一个不相干的少女罢了。在意识的跳转中,施蛰存完成了小职员的"白日梦"由启航到幻灭的复杂心理刻画,通过不断变幻的时空和情境层层披露小职员的内心世界,以意识流的表现手法给人以新奇的阅读体验。

(二)性意识下的双重人格

小说将都市里的小人物运用精神分析的方法进行解剖。一方面将小职员受开放的现代文明影响,内心蠢蠢欲动的情欲、精神出轨的冲动大胆地暴露出来。另一方面,又将他受限于传统文化中道德感的束缚,从而压抑自我的心理过程生动而完整地展现出来。这种性意识下双重人格的强烈反差,体现出作者对人性的深刻思考,表现了人类精神世界压抑苦闷的时代主题。

(三)现代与传统的价值冲突

作者在现代与传统的价值冲突中刻画小职员矛盾的文化心态,体现出城乡二元的创作倾向。作者虽栖身于上海,却成长在松江。小说中小职员情爱观的复杂和多变,正是展示了这种城乡文明的碰撞和冲突。

上海开放的都市环境滋生了开放的情爱观念,正是受到了这种现代观念的冲击,小职员才迈出主动搭讪这一步,进而开启了他的艳遇之旅。然而,他的这场艳遇仅止于短暂的"精神出轨",并且让他从中感受到了强烈的负罪感,以至于当他看到街边的陌生女子都会产生那是妻子正在窥视他的错觉。探究他这一心理产生的根源,其实不难发现他是受到了传统道德的制约,无法心安理得地"艳遇",于是那个表面心如止水、内心波澜起伏的小职员形象就变得真实可感了。

小职员艳遇的对象也并非典型的都市摩登女郎的形象,反而是操着乡音、宛如初恋一般有着东方古典美的形象。小职员虽然身在都市,但是他心中的"缪斯"却是根植于传统文化中的审美形象。在作者笔下,小职员更喜欢雨中漫步而非搭乘电车,对上海都市的繁荣并没有多大好感,甚至表现出"嫌厌"。这一系列的描述都将一个外乡人与都市文明格格不入的形象跃然纸上,配合着作者绵密的散文式笔法,在城乡文明的碰撞和冲突中,透露着淡淡的怀乡情结。

《梅雨之夕》展现了施蛰存开放的文化态度,他并没有一边倒地站在传统或者现代的任何一端,而是将现代与传统的价值冲突放在小职员复杂的心理活动中加以展示,从探讨人性的角度出发,留给读者更多的思考空间。

【思考与讨论】

一、施蛰存曾说现代派的诗是:"现代人在现代生活中所感受的现代的情绪,用现代的词藻排列成的现代的诗形。"请结合具体作品,谈谈您对这一观点的理解。

二、请结合具体作品,思考戴望舒诗歌中古典与现代的融合是如何实现的。

三、请结合具体作品,探讨施蛰存心理分析小说的时代内涵。

第六章　老舍作品导读

第一节　作家小传

老舍是一位高产的作家,他的小说创作高达上千部(篇)之多。忘我的创作见证了他为自己更名"舍予"的初衷,深厚的民族情感使他创作出一个又一个血肉丰满的市民形象。北京胡同里的市井文化是他创作的底色,独特的京味和幽默是他创作的神韵。他的创作在中华民族的历史进程中关注小人物的命运走向,在血泪交织的爱国主义情感中抒写"国民性批判"的时代主题。

一、胡同里的贫苦生涯

老舍(1899—1966),北京人,满族。原名舒庆春,字醒痴,改字舍予。笔名有絜青、鸿来、非我等。现当代作家、语言大师。他的创作以平民化的视角道出百姓心声,这使他成为新中国第一位获得"人民艺术家"称号的作家。

老舍出生在北京的小羊圈胡同,时逢立春,父母便为他取名"庆春"。然而这个寓意美好的名字却没为他的童年带来好运。在他不到两岁的时候,父亲作为守卫京城的护军,阵亡于八国联军攻打北京之时。此后,家庭生计的重担便落在了母亲一人身上,全家人都靠着她缝补洗衣、打零工的微薄收入艰难度日。老舍从母亲的身上感受到了中国底层劳动妇女的坚强和伟大,母亲乐观开朗的性格、不卑不亢的处事之道和热爱生活的积极态度都深深影响着老舍,成为他驱散童年阴霾的一盏明灯。

老舍生于乱世,在北京底层的贫民世界中成长。一方面,他作为亲历者见证了底层百姓凄惨的生活,对他们的不幸遭遇抱有深深的同情。这种与劳动人民血肉相连的情感,使他的创作与底层百姓心灵相通。另一方面,在腐朽的统治和列强的铁蹄之下苟且度日的老舍,从小就意识到了"国"与"家"唇亡齿寒的关系,因而他的创作洋溢着爱国主义情感,体现出对中华民族命运的深切关注。

1905年,老舍遇见了他求学之路的贵人刘德绪,在他的资助下老舍顺利进入了一所改良私塾读书。1913年,他凭着自己的实力考入了提供免费食宿的北京师范大学,减轻了家庭的负担。5年后,他以骄人的成绩毕业,被任命为小学校长。1922年,老舍受洗加入基督教,并开始在天津南开中学教国文。次年,他在《南开季刊》上发表了短篇小说《小玲儿》,这篇400字左右的文章是他早期的创作试炼。

二、海外创作之旅

1924年,老舍经由燕京大学一名英籍教授的推荐,开启了他的海外执教生涯。在英国伦敦大学东方学院执教期间,老舍的文学视野逐渐开阔,他阅读了大量欧洲经典的文艺作品,对英国文学尤其是狄更斯反映社会弊病的现实主义之作感触颇深。这一时期的文学积累激发了老舍的创作灵感,他先后创作出《老张的哲学》《赵子曰》和《二马》三部长篇小说,正式踏入文坛。

《老张的哲学》发表于1926年,描写了一个北京郊区的"能人"张明德。他信回、耶、佛三种宗教,又兼兵、学、商三种职业,以此来实现他"钱本位而三位一体"的人生哲学。小说将这个"能人"为了钱无所不为的丑恶行径诉诸笔端,用戏谑的方式描绘了他在现实中如鱼得水的闹剧。尽管小说在结构和情节上存在着模仿狄更斯小说的痕迹，但是这并不影响老舍幽默诙谐的语言风格和批判现实的文学眼光，在他缺乏创作经验的情况下成为一抹亮色。

随后发表的《赵子曰》描写了北京学生运动的群像。其中，赵子曰这一人物的名字就颇具深意。"赵"在《百家姓》里排第一，"子曰"是《论语》开篇的二字。这个颇具封建文化正统意味的赵子曰，虚荣投机，不务正业，哪怕考试倒数第一，也能如阿Q般只看到"第一"二字。小说通过赵子曰姓名和性格的强烈反差讽喻"国民的劣根性"，展现出一个荒唐的利己主义者的形象。除此之外，小说还描写了以李景纯为代表的有志青年学生，他们誓死要与黑暗统治一搏，虽然带有过于理想化的色彩，但是小说透露出反对文化殖民和军阀统治的决心，体现了老舍作为一个爱国主义作家的本色。

老舍在1931年发表的《二马》中将一对中国父子马则仁（老马）、马威（小马）置于伦敦这一异国文化的环境下，描述了这对父子与一对英国母女之间闹剧般的爱情。老马这一人物展示了当时衰败的中国"出窝老"的形象。老马不思进取，平日里最在乎的是自己的"体面"，也常常为了维护它而笑料百出。但是，在英国人面前，老马却是个十足的"顺民"，尽显卑躬屈膝的奴颜。在他身上看不到一丁点民族自尊心的影子，满脑子都是迂腐可笑的封建思想。老舍在《二马》中延续了"国民性批判"的主题，将中西方民族文化心理的冲突中以喜剧的方式表现出来，倒叙的结构相比之前两部小说松散的布局更为严谨，更为难得的是小说针砭讽刺的初衷是以老舍强烈的民族自尊心和振兴中华的宏愿为基础的。

老舍在英国执教期间创作的这三部长篇小说，展现出中西方碰撞的文化批判视野和独特的喜剧风格，在当时以短篇小说创作为主流的现代文坛成为耀眼的明星。1929年，老舍起航归国，在途经新加坡时因为预算不足而短暂停留，并在此间创作了以儿童视角和梦境讽喻现实的长篇童话《小坡的生日》。

三、游子归国

1930年初,深怀赤子之心的老舍回到了祖国的怀抱。经过此前海外的积累和磨砺,老舍的创作日趋成熟。在长篇小说领域,《猫城记》《离婚》《牛天赐传》《骆驼祥子》等作品相继问世。《猫城记》中来自地球的中国人"我"以第一人称的视角亲历了地球之外的"猫人国"在外敌入侵后灭国的过程,小说以此隐喻满目疮痍的中国大地,在科幻的外衣下涌动着控诉黑暗统治的民族情感,给人以奇特的感受。《离婚》展现了老舍作为北京人特有的幽默细胞,在调侃间将卑微懦弱的小公务员形象装进喜剧的套子里,让人读来唏嘘不已。《牛天赐传》通过牛天赐的成长过程揭示了"国民劣根性"的养成之路。《骆驼祥子》对底层市民精神世界的探讨和把握,显示出老舍纯熟的艺术功力,成为他长篇小说中最具有影响力的作品之一。

除了长篇小说以外,老舍在中短篇小说领域也创作出了许多堪称经典的作品。1935年创作的短篇小说《断魂枪》,深入探讨了一个具有时代共性的文化命题,小说通过对"神枪沙子龙"一身绝技"传"与"不传"的探讨,思考了在现代文明的冲击下,传统文化是否要传承、该如何传承的文化命题。在传统文化不可避免地走向没落的时代氛围中抒写了一曲令人惋惜的民族悲歌。同年创作的中篇小说《月牙儿》,刻画了一对母女相继沦落为妓女的心路历程,反映了旧中国底层女性的凄惨命运,在"月牙儿"凄美的诗意中控诉将美好摧毁的黑暗社会。

归国后的老舍与中华民族同命运共呼吸,他用一个又一个血肉丰满的人物形象,描摹出苦难深重的中华民族群像。他以悲悯之心同情弱小,又以笑中带泪的幽默激荡着国人麻木的神经。

四、从抗战到赴美

随着抗日战争的全面爆发,老舍以满怀的爱国主义激情加入抗战的文艺队伍。1938年,他出任中华全国文艺界抗敌协会总务组组长,其间创作了大量配合抗日需要的"战时宣传剧",这些剧作的创作水准虽不及他的小说,但是为老舍打开了话剧创作的大门。这一时期的短篇小说创作,大都集结在《火车集》《贫血集》中。长篇小说有《蜕》(未完成)、《火葬》以及《四世同堂》三部曲当中的前两部《惶惑》和《偷生》。

1946年,老舍受到了美国国务院的邀请赴美讲学,其间完成了《四世同堂》的第三部《饥荒》以及长篇小说《鼓书艺人》等。其中,《四世同堂》呈现出个人与时代,"家"与"国"唇亡齿寒、兴衰与共的紧密联系,成为老舍后期长篇小说创作的扛鼎之作。

五、"人民艺术家"

1949年10月,全国人民都沉浸在新中国成立的喜悦之中,大洋彼岸的老舍也怀着无比激动的心情踏上了归国之路。1951年,老舍成为新中国第一个被授予"人民艺术家"称号的作家。

回国后的老舍在话剧领域大放异彩。1951年创作完成的话剧《龙须沟》,将北京解放前后龙须沟截然不同的风貌,通过对比的方式鲜明地展现出来,以新旧两个时代小人物命运的走向来反映国运,批判像"臭水沟"一样污浊腐朽、百姓暗无天日的旧社会,赞颂军爱民、百姓安居乐业的新时代。1957年问世的话剧《茶馆》更是将旧社会三个时代(戊戌变法、军阀混战、新中国成立前夕)的更迭浓缩在了"茶馆"这一鱼龙混杂之地,通过形形色色的人物揭示旧中国必将走向灭亡的真相。剧作简练传神的人物刻画和化繁为简的时代描写融为一体,在有限的篇幅中容纳了广阔的时代风貌,独特的艺术魅力使《茶馆》走出国门,成为老舍话剧创作的巅峰之作。

到了20世纪60年代初期,历经了中国半个多世纪风云变幻的老舍,开始酝酿他带有自传体性质的长篇小说《正红旗下》,只可惜这部构思宏伟的著作因为文革而搁笔。老舍也在随之而来的批斗中不堪受辱,于1966年8月24日投入北京太平湖,结束了他的生命。

回顾老舍的一生,他无愧于一个"人民艺术家"的称号。他的作品长在底层的百姓世界中,无论是老百姓外在的生活空间,还是老百姓内在的精神世界,都是老舍耳熟能详、感同身受的世界。悲苦的百姓命运牵动着老舍血泪交织的情感,触发了他为底层百姓发声的文学使命,成为他为之付出毕生心血的不二之选!

第二节 《骆驼祥子》导读

《骆驼祥子》最初发表于《宇宙风》杂志,1936年9月开始连载,1937年9月结束连载。1939年由人间书屋正式出版,从20世纪40年代开始陆续被翻译为英、日、德、法等多语版本。这是一部以"人力车夫"为主角的长篇小说,也是老舍经过了十年的创作磨砺之后,精心打磨的一部反映底层民众文化心理和他们无力抵抗的命运悲歌。

一、创作动机

老舍在他的第一部长篇小说《老张的哲学》中,就曾描写过人力车夫的形象。虽然笔墨不多,但是赵四仗义耿直的形象,透露出老舍对"人力车夫"这一社会群体的赞赏与尊重。

1936年,老舍将从友人那里听闻的两个人力车夫的经历杂糅在一起,以此为原型创作了《骆驼祥子》。其中一个山东大学的朋友讲述了他雇佣的车夫的事情,那位车夫辛辛苦苦攒钱买了"洋车",之后又无奈卖掉,如此循环三次以后,他再也买不起车了,日子过得苦不堪言。老舍的另一位朋友谈起了车夫的遭遇,他在拉车时被军队强行掳走,最后却趁着军队转移牵着三匹骆驼平安归来,境遇奇巧。

老舍在谈及《骆驼祥子》的创作动机时曾坦言:"我所要观察的不仅是车夫的一点点浮现在衣冠上的、表现在言语与姿态上的那些小事情了,而是要由车夫的内心状态观察到地狱究竟是什么样子。车夫的外表上的一切,都必有生活与生命上的根据。我必须找到这个根源,才能写出个劳苦社会。"[①]在这里,"人力车夫"不再是小说中符号化的人物形象,老舍通过对"祥子"内在精神世界逐渐崩塌过程的提炼和展示,批判残酷的社会给底层民众带来的毁灭性伤害,还原出真正人间地狱的模样。

二、情节梗概

《骆驼祥子》以20世纪20年代军阀混战的时代为背景,描写了一个来自乡下的破产农民祥子,因父母双亡无田可耕,18岁独自来到北京谋生的故事。

身为人力车夫,祥子人生最大的目标就是能拥有一辆自己的车。经过3年的努力,他实现了这个愿望。但是,刚拉了半年车的祥子遇上了战乱,失去了自己的车,人也稀里糊涂地被掳走充军。不久后,祥子趁乱逃了出来,并顺手牵走了3匹骆驼,换了35块大洋。

当祥子再次回到北京城,他的奇遇在梦话中被人听了去,从此有了"骆驼"的外号。他到刘四爷的车厂拉车,并将剩下的30块大洋寄存在刘四爷那里,憧憬着攒钱再买一辆属于自己的车。可惜的是祥子拼命拉车赚的钱被侦探敲诈勒索一空,买车的梦

---

① 老舍:《我怎样写〈骆驼祥子〉》,《青年知识》1945年第1卷第2期。

想再次破灭。

刘四爷的女儿虎妞已经过了出嫁的年纪,因丑陋的外貌高不成低不就。自从祥子来到了车厂,虎妞便被这个身体结实强壮、踏实肯干的年轻小伙所吸引。虎妞不顾刘四爷的反对,设计嫁给了祥子。在这场强扭的婚姻中,祥子再次拉上了自己的车,但是好景不长,虎妞婚后难产而死,为了给妻子办理身后事,祥子又再次卖掉了自己的车。

更令人惋惜的是祥子一直深爱的小福子在被迫成为妓女后不堪受辱,自杀身亡。至此,祥子人生所有的希望都破灭了。那个生性要强、积极乐观的祥子,在一次次接近梦想又被现实打击得体无完肤之后,丧失了生活的勇气,他开始厌恶拉车,变得奸猾贪婪,整日吃喝嫖赌,最后连一身的力气都耗尽了,只能给人在红白喜事中打打杂,过上了混吃等死的日子。

三、人物形象

(一)骆驼祥子

祥子是一个前后反差极大的人物形象。老舍在开篇描写祥子质朴、干净的特质时充满了欣喜之感。他有着像骆驼一样超强的耐力,作为人力车夫一身功夫都在腿上,骆驼又何尝不是呢?然而,这个有着一身力气,对生活充满希望的年轻小伙,最终却堕落为了一个满口瞎话、奸猾贪婪的无业游民。

老舍浓墨重彩地刻画了祥子心灵堕落的历程,用"骆驼"这一形象隐喻了祥子的命运。诺大的北京城就像是一望无际的沙漠,任凭骆驼再怎么有耐力,最终也是徒劳,只能一点点失去生的希望,等待死亡的降临。老舍借由"祥子"这一形象前后的变化,映射了在黑暗的统治下中国底层百姓无力抵抗的悲惨命运。

在爱情婚姻方面,祥子不满于虎妞的算计,婚后在不对等的夫妻关系中也深感压抑,但却因为自私懦弱的性格无力摆脱这段婚姻。他在与小福子的恋爱关系中,因为无法承受小福子背后沉重的家庭负担,始终无法许下任何承诺。面对生存的压力,爱情只能深埋在心底。老舍借由祥子的情爱观,传达了所有事情都只能让位于生存这一底层百姓普遍的文化心态,批判了长期的封建压榨对百姓身心的束缚,以及由此形成的自私狭隘的价值观,无奈与惋惜之情弥漫在字里行间。

(二)虎妞

虎妞是车厂老板的女儿,也是祥子的妻子。作为车厂的管家,她精明能干、泼辣狠毒。作为祥子的妻子,她精于算计、恩威并施。老舍赋予这个人物丑陋的外貌,虎妞又黑又壮、笑起来虎面獠牙的形象也影射了她作为车厂管理者多年剥削车夫的丑恶行径。她继承了父亲自私狠辣的剥削者的特点,同时又是父亲用来剥削车夫的工具。他的父亲刘四爷为了自己的车厂肥水不流外人田,牺牲了女儿的幸福,使她错过了本该婚恋的美好青春。从这个方面来讲,虎妞也是受害者。

虎妞敢于反抗父亲下嫁给车夫,但这仅仅是为了满足一己私欲,婚后她对祥子的种种操控行为和强烈的占有欲印证了这一点。她与祥子私奔后还幻想着能回去继承车厂,婚后整日坐吃山空的贪懒行为导致了她最后难产而死。老舍通过虎妞与祥子的畸形婚姻为我们展示了一个剥削者和劳动者在价值观念上的巨大差异,这是也导致两人婚姻悲剧的根本原因。

(三)小福子

小福子是一个美貌善良、命运悲惨的女性形象。相较于对虎妞的憎恶,老舍在这一人物身上投注了更多的怜悯之情。她先是被父亲卖给军官,被抛弃后回到娘家,为了两个弟弟不得不出卖身体换取活路。父亲酗酒成性,狠心将她卖入妓院,把她逼上绝路。小福子的命运是城市底层妇女悲惨命运的一个缩影,老舍将这个美好的女性形象被摧毁的过程展现在读者面前,揭露了黑暗的时代"吃人"的本质！

（四）曹先生

曹先生是祥子拉车时的雇主。他热爱美术，信奉社会主义，对底层劳动人民充满尊重和同情。他在教学中被当局者认定为"革命党"逃往上海避难，之后回到北平又想着帮助祥子回归正道。曹先生这一形象是小说中正义精神的化身。

（五）孙侦探

孙侦探两次摧毁了祥子的个人理想。第一次是战乱时祥子丢了车被拉去充军，未曾露面的带队头目就是当时的"孙排长"。第二次是祥子给曹先生拉车受到牵连，将祥子的家当洗劫一空的正是这个摇身一变成为"孙侦探"的人物。老舍通过这一形象影射了战乱对于老百姓生活致命的打击，讽刺了黑心的统治者和帮凶们搜刮民财、毫无廉耻的丑恶嘴脸！

四、作品主旨

小说将一个充满朝气的城市劳动者身心堕落的过程逼真地展现在读者面前，控诉了让底层百姓无路可活的黑暗时代！老舍欣赏祥子身上勤劳质朴、坚韧善良的中华民族传统美德，厌恶将他身上这些美好品质消磨殆尽的畸形"文明社会"。

黑暗腐朽的统治是造成祥子悲剧的根本原因。老舍用祥子的个人"奋斗史"，揭示出在半殖民地半封建社会的中国老百姓是不可能通过个人奋斗改变自身悲惨命运的。

祥子的命运就是千千万万中国底层劳动者无法摆脱的命运。不推翻半殖民地半封建社会的黑暗统治，战乱和剥削的魔爪将会永远扼住百姓命运的喉咙，磨灭他们的希望，将他们带入堕落的深渊！老舍批判祥子身上因袭的传统文化弊病，为他的自私懦弱、自甘堕落而痛心不已。在爱之深责之切的情感中，老舍迫切地希望广大底层劳动人民可以通过祥子的悲剧认清现实,联起手来共同推翻腐朽黑暗的统治!

五、艺术特色

(一)平民化的写作视角

《骆驼祥子》无论是在人物刻画方面,还是情感表达方面,亦或是方言口语的运用上都真正做到了为平民百姓发声。这部以"人力车夫"为主题的小说,没有居高临下的悲悯,有的只是一个作为百姓同行者逼真的叙述。老舍平民化的写作视角还原了百姓真实的内心世界,表现了他与百姓同悲喜共忧愁的情感。在时代巨轮的碾压之下,老舍通过百姓最熟悉的方言口语和市井生活画面勾勒出底层社会民众的命运谱系,塑造出血肉丰满的人物形象,摆脱了对平民百姓脸谱化的写作视角。

(二)化繁为简的艺术结构

小说没有宏大的战争场面描写,也没有惊心动魄的情节刻画,却能让读者感受到一个民族走向绝境的悲哀。究其根源在于老舍独特的艺术结构设计。小说以祥子的命运发展为主线,以他为中心点向外延伸,将那些和他的人生有交集的人物命运一一展开,在交错的人际关系网中描绘出底层社会的人物群像,进而烘托出中华民族广大劳动人民共同的悲剧命运。小说仅用一个人物,就能串联起一个时代中形形色色的人物,并通过人物命运的发展推动小说情节的发展,从而架构起整个小说的结构,这种化繁为简的精妙布局是《骆驼祥子》的艺术特色之一。

(三)独具京味的民间口语

小说在人物语言和叙述语言上都体现出了北京话口语的特征。"抠搜""尥蹶子""耍个飘儿"等鲜活的口语在文中随处可见,让人感受到一股浓郁的北方气息。老舍将北京话中"嘴贫"的幽默感提炼出来,去除啰唆之感,创造出符合人物形象的京味口语。例如文中虎妞说:"祥子!你让狼叼了去,还是上非洲挖金矿去了?"简短的一句话就将虎妞身上的江湖习气和粗犷的性格暴露在幽默调侃的氛围中。另外,虽然老舍在叙述语言的把握上呈现出多变的特点,有时使用知识分子的平易表述,有时使用民间的口语表述,但是在叙述人物时往往呈现出民间口语的味道。例如他在描述祥子的婚姻状况时就形象地将其比喻为"像被猫叼住的一个小鼠",让人读来只能苦笑。

(四)充满生活气息的世俗画卷

小说中不乏对各种民风民俗、市井百态及背后文化心理的精细描述,演绎出充满生活气息的世俗画卷。"我生在北平,那里的人、事、风景、味道,和卖酸梅汤、杏儿茶的吆喝的声音,我全熟悉。一闭眼我的北平就完整的,像一张彩色鲜明的图画浮在我的心中。我敢放胆的描画它。它是条清溪,我每一探手,就摸上条活泼泼的鱼儿来。"①正如老舍所述,小说中北京古老的寿席、巫术、暗娼文化等都能被老舍信手拈来。他将北京城繁华热闹的庙会、集市之景融进虎妞婚后的悠闲生活,以此体现虎妞作为市民阶层的生活趣味和追求。他也刻意讽刺虎妞的父亲在"门当户对"的市民文化心理的驱使下阻拦女儿下嫁车夫的行为……从表象的繁华到背地里的污浊,从对民俗的怀念到对市民文化心理的批判,老舍在充满生活气息的世俗画卷中勾勒出一座让人又爱又恨的北京城。

第三节 《四世同堂》导读

《四世同堂》是老舍的作品中表现"家"与"国"唇亡齿寒的关

---

① 老舍:《三年写作自述》,《抗战文艺》1941年第7卷第1期。

系最为典型的一部长篇小说。老舍在近百万字的创作中以《惶惑》《偷生》《饥荒》三部曲的形式描绘了抗日战争时期的北京城，将城中百姓在"家"与"国"、个人与时代之间艰难摇摆的状态诉诸笔端。他在传统民族文化心理的参照下审视着笔下形形色色的中国人，并在近乎亡国的绝境中将百姓逐渐觉醒的反抗意识和爱国之情渲染开来，传递出"家"与"国"荣辱与共的民族信念。

一、创作契机

1937年七七事变后，日军发起全面侵华战争，北平沦陷。在激愤的情绪中，老舍只身奔赴武汉参加中华全国文艺界抗敌协会，以手中之笔为武器鼓舞民众同仇敌忾、共同抗日。其间老舍辗转到了重庆，遥望北京，这座陪伴他长大的城和城里日思夜盼的家人成了他魂牵梦绕的对象。

终于在1943年他的妻子胡絜青排除万难与老舍相聚于重庆。重逢后妻子将近五年在北平的中学教员生涯倾诉与老舍，通过她的描述，亲朋好友惨痛的遭际、北京城里家破人亡的人间地狱之境一一浮现在老舍眼前，一股身临其境的悲愤之情涌上他的心头。妻子的口述弥补了老舍没有在沦陷区生活过的经验，恰逢此时抗战也进入到了反攻的阶段，老舍从1941年萌生写一部抗战题材小说的想法，终于在此刻寻得了落笔的契机。

1944年初，老舍在重庆因经常有老鼠出没而被他命名为"多鼠斋"的艰苦环境中开始创作《四世同堂》，小说前两部《惶惑》《偷生》皆是完成于此处。1946年，老舍受邀赴美讲学，在此期间完成了小说第三部《饥荒》。经过长达4年的打磨，这部近百万字的长篇小说《四世同堂》终于在1948年创作完成。1949年《四世同堂》的英文译本 *the Yellow Storm*（《黄色风暴》）在美国出版，受到了广泛的关注和好评。

二、情节梗概

《四世同堂》描写了北京小羊圈胡同里的十几户居民在八年抗战中的生活图景。在亡国的危难中以祁老太爷一家为主线,以冠家、钱家和其余住户为辅线,将复杂的社会矛盾浓缩于家庭邻里这一小社会组织中,反省中华民族的文化积弊,赞扬不屈不挠的民族精神!

(一)《惶惑》

描写了北平沦陷初期胡同里各家不同的境遇。在祁家,祁瑞宣因为背负着长孙的头衔担起了家庭的重担,在沦陷的北京城过着忍气吞声的日子。他成全了三弟祁瑞全抗日的想法,帮助他逃往城外。二弟祁瑞丰为了做官当了汉奸。在钱家,除了钱默吟之外,他的妻子和两个儿子都在这场亡国之灾中失去了生命。觉醒后的钱默吟开始与日军孤身奋战。冠家靠出卖邻居钱家和出卖自己女儿色相得到了妓女所所长的头衔,小人得志风光一时……黑白颠倒的世道与亡国之耻落在每一个小羊圈胡同的居民身上,却产生了截然不同的回响。

(二)《偷生》

在沦陷的北平,除了巴结日本人的冠家,胡同里的各户人家都越发贫困。瑞宣不堪忍受列强的羞辱,辞去了学校的工作来到英国使馆做翻译,却仍没有逃过牢狱之灾。瑞丰被新的日军走狗替代,贪图富贵的妻子胖菊子也另嫁他人。在一次日本人听戏的过程中,钱默吟身负炸弹偷袭,唱戏的小文夫妇、冠家二房尤桐芳都惨死在日本人手中。奸滑的大赤包被抓入狱,冠家被封……在血泪交织的残酷现实中,小羊圈的居民们逐渐开始觉醒。

（三）《饥荒》

在饥荒中，日军向中国人发放掺了土的共和面，北京城内也随之开始流行传染病。日军在街头寻找得了传染病的人进行活埋，这其中就包括孙七和冠晓荷，百姓被彻底逼上了绝路。瑞全带着党的希望回到北平进行地下工作，觉醒的瑞宣也开始宣传抗日。瑞宣和韵梅的女儿小妞子因为吃了掺了土的共和面，死在了母亲的怀里。伴随着至亲的离去，小羊圈胡同也终于迎来了抗战的胜利……

三、主题思想

抗战中小羊圈胡同内居民们的惨痛经历是整个中华民族灾难命运的缩影。老舍通过对小说中形形色色人物命运的抒写来剖析"国民劣根性"，以此警醒世人——面对战争和侵略，如果以不以为然和苟且偷生的态度麻木度日，最后只能走向毁灭的结局！

"四世同堂"是中华民族传统文化心理中颇为圆满的人生状态。然而，如果为了延续家族香火而苟活于世，最终的结局也只能在沦为亡国奴的屈辱中任人宰割，生不如死！老舍以悲悯的眼光批判了家族文化中消极的一面给人们带来的沉重身心枷锁，在逼近灭亡的民族命运中将人们从小"家"走向大"国"的艰难选择和曲折心境表现出来。《四世同堂》在对传统民族文化心理深刻的反省中将"家"与"国"唇亡齿寒、荣辱与共的主题传递出来，在浓厚的悲剧色彩中表达了沉痛的爱国之情！

四、人物形象

（一）祁家

1. 祁老太爷

小说中四世同堂的大家长，也是最具中国传统家族观念中"家长"式性格的代表人物。在国家危亡之际，他以置身事外的态度相信北京是块"福地"，只求自家平安度日，甚至将关注的重点放在战争是否会影响自己的八十大寿上面。他是家庭宗法制度的维护者，善良谦和，愚昧保守。随着儿子受辱自杀、重孙女死于饥荒等一系列沉痛的打击，他"四世同堂"的梦想破灭。在家族濒临灭亡之际，他终于看清了"家"与"国"唇亡齿寒的形势，一改往日苟安的心态站起身来捍卫民族尊严。可惜的是当抗战胜利家族危机解除之时，他又将"四世同堂"的美梦寄托在了自己的重孙身上。这一人物集中体现了老舍对传统文化因袭痼疾的批判。

2. 祁天佑

祁家第二代的家长，也是家族中最沉默隐忍的一代。身为布店掌柜，他以父为纲，谨遵孝悌之道，扛起了家庭的重担。他在维系家族的使命中疲于奔命，闭塞的文化心理状态使他丧失了独立的人格，成为了一个维护家族的"工具"。最终面对日本人的羞辱他选择投河自尽，结束了庸碌的一生！

3. 祁瑞宣

一方面，他是在"五四"新文化中成长起来的一代；另一方面，他也是背负着长孙重担的第三代家族传承人。他在忠孝两难全的抉择中选择为"家"尽孝，支持三弟为"国"尽忠。他受家庭宗法制度的影响，选择忍辱偷生尽力维护家族的安宁。即使他的内心对战乱和侵略充满着愤怒和仇恨，也只能一再地压抑自己。新旧文化心理的冲突使他形成了正义而隐忍、热心而保守的矛盾性格。因此,他的觉醒之路注定是漫长而充满痛苦挣扎的。虽然最后他走上了抗战的道路,小说也肯定了他身上质朴善良、仁义担当这些传统文化的优良品质,但是批判他缺乏冒险精神、固守家庭围城的传统文化心态,达到"去其糟粕"的目的,才是小说的真实意图。

4. 韵梅

瑞宣的妻子,也是祁家的长孙媳妇。她相夫教子,侍奉公婆,为人本分,持家有方。面对家庭,她无私奉献;面对国难,她勇敢坚强。在这一人物的叙写上老舍表现出对中国传统女性的肯定和欣赏。

5. 祁瑞丰

祁家第三代中排行老二。他是家庭的逆子,国家的叛徒。他无视国耻为日本人做事,贪图官位,泯灭良知,好逸恶劳的性格使他走上不归路。老舍以他惨死的结局控诉卖国求荣的可耻行为!

6. 祁瑞全

祁家第三代中排行老三。他是祁家最具反抗精神的人物,也代表着民族的希望和未来!他摆脱了家庭宗法制度的束缚,怀揣民族解放的伟大梦想参与到党的地下工作当中,他身上集中体现着"五四"以来敢于冒险和牺牲、爱国忧民、永不妥协等时代新生儿的特征。

(二)冠家

1. 冠晓荷

他是一个金钱至上,毫无是非观念的人物。他可以为了自己的私欲出卖邻居,踩着同胞的尸骨享受荣华富贵。这是一个典型的冷酷无情、丧尽天良的卖国贼的形象!

2. 大赤包

冠晓荷的正妻,也是比丈夫更为狠毒的"汉奸"。她是家里的霸王,怂恿丈夫告发邻居谋取富贵,为了权力不顾亲情出卖女儿的色相,传统文化的劣根性在这个人物身上一览无余。她像旧社会的老鸨一样逼良为娼,变相勒索妓女,手段狠辣。但是面对日本人,她又立马变回了一条温顺的狗。老舍将男性强权世界中的丑恶嘴脸移植到这一女性形象身上,将她欺软怕硬、虚荣无耻、作恶多端的汉奸行径刻画得入木三分。

(三)钱家

1. 钱默吟

他是一个古典文化的爱好者,充满文人墨客的雅兴。然而,抗战的爆发打破了他烹茶煮酒、纵情山水的诗意人生。当日本人血洗了他的家庭,让他饱受牢狱之灾后,他选择与日本人决一死战!崇高的民族气节和深沉的爱国主义情感使他身上散发着英雄无归的悲壮气势。这一形象寄托了老舍对中华民族传统文化的深厚情感,是一个颇具理想色彩的人物。

(四)其他人物

伸张正义的车夫小崔、耿直的剃头匠孙七、不畏牺牲的小文夫妇、远走抗战的刘师傅……这些人物身上都体现了中华民族宁愿站着死也不愿跪着生的民族气节!他们与崇洋媚外的丁约翰、见利忘义的蓝东阳、歹毒狠辣的李空山等卑躬屈膝的人物形象形成了鲜明对比。尽管这些有骨气的小人物并非革命的先行者,老舍也从反思传统文化的角度对他们进行了褒贬并行的刻画,他们身上不屈不挠的民族精神是民族解放的信念之所在,犹如星星之火可以燎原!

五、艺术特色

（一）以"家"为主线的叙事结构

小说在构思上最突出的特点是以家庭为单位叙写民族命运。一个家庭就是一个小型的社会，老舍通过透视胡同内十几户人家各种错综复杂的人际关系和矛盾冲突来表现复杂的社会矛盾。他将中华民族在屈辱挣扎中走向觉醒的艰难历程以家族命运的形式呈现出来，以小见大，以"家运"表现"国运"，在以"家"为主线的叙事结构中展现宏阔的时代内容。

（二）人物类型的典型化

小说在人物类型的塑造上具有家族成员的典型化、社会角色的典型化、民族形象的典型化等特征。

在家族成员方面，固守传统文化的祁老太爷、"五四"新文化的追随者祁瑞全、新旧文化的矛盾体祁瑞宣、民族的叛徒祁瑞丰，老舍将半殖民地半封建社会最具有文化代表性的几类人物浓缩在一个家族之内，以典型化的人物形象透视民族文化心理。

在社会角色方面，胡同内有教师、小商贩、车夫、剃头匠、戏子、家庭妇女、汉奸、特务、革命者等包容社会三教九流、体现抗战时期民间社会成分的典型人物。他们是小说中各自所代表的社会阶层的缩影，共同演绎着灾难深重的民族命运。

在民族形象方面，小说鲜明地刻画了英勇正义的民族形象和卖国可耻的民族形象这两种典型的人物类型。以祁瑞全、钱默吟、小崔等人为代表的爱国情怀和以冠晓荷夫妇、祁瑞丰、蓝东阳等人为代表的叛国劣迹形成强烈反差，小说在对比中赞颂不屈的民族气节，鞭挞泯灭良知的汉奸走狗行径！

此外，在处理同一文化体系内的人物形象时，老舍往往从现实和理想两个层面创造出两种具有截然不同的精神气质的典型人物。例如文中的祁老太爷和钱默吟,他们二人都是老派市民的代表,也都是在传统文化的浸染中成长起来的一代人,但是老舍对两人精神气质的刻画却截然不同。他从现实的角度出发描写祁老太爷,批判他思想中守旧迂腐的一面。他从理想的层面出发描写钱默吟,欣赏他高雅的民族品位,赞颂他舍身为国的民族气节。

(三) 深刻的文化反思

小说以北京城形形色色的市民阶层为范本进行深刻的文化反思,不仅写就了他们的命运史,更是反映了抗战时期中华民族精神文化的变迁。

小说以"四世同堂"为题目,从一开始就埋下了审视传统文化的伏笔。作者通过祁家四代人家族命运的发展轨迹来探寻他们背后的民族文化心理。在抗战这一特殊的时代背景下,以第一代祁老太爷的迂腐行径反映其冷漠的家国观念,以第二代祁天佑受辱自尽表现其懦弱的民族性格,以第三代长孙祁瑞宣为重点反思了封建家族制度给人们带来的沉重的身心枷锁。以第四代小妞子的惨死昭示了忍辱偷生必将招致灭亡的家族文化恶果。

小说中不仅有对传统家族文化的反思,还有对冠晓荷夫妇、蓝东阳等民族毒瘤的文化反思。作者将他们身上源自传统文化的"国民劣根性"和畸形现代文明中崇洋媚外、金钱至上的价值观和盘托出,批判了他们厚颜无耻、一心为己的卖国文化心理。

(四) 独具韵味的讽刺与幽默

"讽刺因道德目的而必须毒辣不留情,幽默则宽泛一些,也就是宽厚一些,它可以讽刺,也可以不讽刺,一高兴还可以什么也不为而只求和大家笑一场。"[①]老舍讽刺与幽默的艺术是颇具

---

① 老舍:《谈幽默》,《宇宙风》1936 年第 23 期。

层次感的。在小说中,他用地道的北京腔对不同文化背景下的人物做了丰富而立体的讽刺与幽默。

首先,针对以祁老太爷为首的老派市民,作者往往以他们身上"迂腐"的一面做笑料,以此来反思传统文化。其次,针对以祁瑞宣为首的新派市民,作者以审视的眼光打量他们身上新旧文化的冲突,在精妙的比喻中完成幽默和讽刺。再次,针对以小崔为首的城市贫民,作者在同情的眼光中以含泪的幽默冲淡他们现实生活的苦涩,批判中带有温情。最后,针对冠家夫妇为首的叛国者,作者以辛辣的讽刺和俏皮的幽默直指他们的"劣根性",以漫画式夸张的手法揭露他们丑恶的嘴脸!

【思考与讨论】

一、请结合老舍的生平和现在的社会实际,谈谈您对"爱国主义"的理解。

二、请结合《骆驼祥子》,探讨造成祥子悲剧的原因。

三、请整理《四世同堂》中祁老太爷一家的人物关系谱系,并对其中您最感兴趣的人物展开分析,谈谈您对该人物的认识和理解。

第七章　巴金作品导读

第一节　作家小传

巴金,原名李尧棠,字芾甘,1904年出生于四川成都一个封建大家庭,1929年发表小说《灭亡》时,始用笔名"巴金"。童年时期,母亲陈淑芬是巴金的第一位先生,他曾回忆道:"她教我爱一切的人,不管他们贫或富;她教我帮助那些在困苦中需要扶持的人;她教我同情那些境遇不好的婢仆,怜恤他们。"①这"爱"具有朴素的人道主义思想,成为了巴金性格的根柢。受母亲的影响,他从小就与劳动人民关系密切,见证了公馆里"仆人"的贫苦、痛苦和死亡,"心里起了火一般的反抗的思想",并"宣誓要做一个站在他们这一边、帮助他们的人"。② 巴金对普通劳动人民的同情和对封建大家庭的反抗,成为他在日后文学创作中非常鲜明的重要思想主题之一。

1914年至1917年,父母的相继病逝使巴金逐渐看清了封建专制大家庭和平友爱的表面下仇恨的倾轧和斗争,看到了年轻生命的挣扎、受苦、憔悴、呻吟甚至于死亡,意识到陈旧的封建家庭观念和长辈的权威压迫着青年对自由发展的渴望。在这个"专制的王国"里,他心中萌生了对旧制度和出身阶级"憎恨"的苗,接着"爱"来的便是"恨"。巴金努力地挣脱封建礼教的囚笼,

---

① 巴金:《我的几个先生》,载《巴金选集》第十卷,成都:四川人民出版社,1996,第97页。
② 巴金:《家庭的环境》,载《百年激流 巴金回想录》,海口:南海出版公司,2000,第40页。

开始从同情劳动人民、同辈人的不幸遭遇转而投向社会,看到社会的腐败,质疑社会制度的不合理,希望能够改造它。而"五四运动"的爆发,让处于"爱"与"恨"矛盾中的巴金看到了一个崭新的世界,他开始如饥似渴地阅读《新青年》《星期评论》等进步刊物,接受新思想和新文学的影响,参与创办《半月》,积极参加反封建的社会活动。1920年,巴金阅读了克鲁泡特金的政论《告少年》和廖抗夫的剧本《夜未央》后,开始研读克鲁泡特金和俄国革命民主主义的著作,对无政府主义的激进思想推崇备至。无政府主义主张反对专制和强权,反对一切束缚,追求极端的个性解放,这与"五四"时期反帝反封建、提倡个性自由的要求,在特定历史语境下有一定的契合点。因此,这些思想极大地鼓舞了巴金反专制反旧礼教的决心和勇气,革命民主主义的战斗精神深深扎根在他的内心深处。

  1923年,觉醒的巴金毅然离开成都,来到上海、南京求学。1925年毕业于东南大学附中。1927年他怀着"忠实地生活,正直的奋斗,爱那需要爱的,恨那摧残爱的,上帝只有一个,就是人类。为了他,我预备贡献我的一切"[①]的人生信条,赴法国留学,"想找寻一条救人、救世,也救自己的路"[②]。但是旅法期间,巴金遭受着国内外反动政府对革命运动的镇压和营救无政府主义者萨柯和樊塞蒂运动失败带来的双重刺激,理想追求的失落和政治活动的失败使他陷入极度的痛苦和困惑之中,情感无处宣泄的他转向文学创作,将所有的痛苦、寂寞诉诸笔端,创作了第一部中篇小说《灭亡》。小说讲述了年轻革命者杜大心在饱受身体重病和社会压抑的双重绝望的打击下,为反抗专制制度而拼命地工作,但他又看不到自己的前途,看不到黑暗压迫下人类的前途。即便如此,杜大心仍选择义无反顾地为革命事业献出一切,包括爱情,最终自愿走向了灭亡的道路,以一死来求取永远的安宁。作者宣泄似的将情感诉诸小说中的青年革命者,塑造了在

---

① 巴金:《写作生活底会议》,《巴金自传》,南京:江苏文艺出版社,1995,第111页。
② 巴金:《自传:文学生活五十年》,《巴金自传》,南京:江苏文艺出版社,1995,第2页。

绝望中奔走呼号、勇于反抗、富有献身精神的英雄形象。这一"英雄"形象的出现，激荡着"五四"以来新文学中的伤感情调，打动了广大青年的心，在二三十年代的中国文坛引起了强烈反响。《灭亡》在巴金的文学创作中具有重要意义，一方面让他顺利进入文坛，另一方面也初步显现了他早期小说创作的特色，注重强烈情感的倾诉，不注重作品的形式和人物个性的刻画。

1928 年回国后，巴金开始专注于文学创作，到 1949 年底共创作 18 部中长篇小说，12 本短篇小说集，16 部散文随笔集，以及大量的翻译作品。其中，这一时期的小说有两大主题，一是以强烈的主观热情表现二三十年代的社会革命与青年的精神困境和情感生活，代表作有《新生》、《爱情三部曲》(《雾》《雨》《电》)、《火》，一是抨击封建家族制度的罪恶，揭露封建制度和礼教对青年的摧残，对人性的泯灭，代表作有《春天里的秋天》《激流三部曲》(《家》《春》《秋》)等。

其中，1931 年至 1933 年创作的《爱情三部曲》是《新生》《灭亡》主题的延续，依旧以青年的革命和恋爱为题材，写了青年的反抗和追求，在巴金前期的创作中占有重要的地位。他曾说："就在今天我读着《雨》和《电》，我的心还会颤动。它们使我哭，也使我笑。它们给过我勇气，也给我过我慰藉。"①《雾》的主人公周如水性格优柔寡断，倾向革命却止于软弱，渴望爱情却走不出封建观念的束缚，最终导致了情感的悲剧；《雨》的主人公吴仁民是坚定的革命者，他与郑玉雯、熊智君两位女性之间的情感纠葛，是极具悲剧性的爱情，而穿插着几位革命者关于革命道路的争论，也体现着这一时期革命青年不满于现实却找不到出路的矛盾；《电》则塑造了一个"近乎健全的女性"李佩珠，这位美丽、坚强、有革命胆量、冷静的女性倾注了巴金关于革命者的理想和爱，历经挫折后，她成长为一个健康成熟的女革命家，与"决心要轰轰烈烈做一番事业"的吴仁民收获了真正的爱情。《爱情三部

---

① 巴金：《〈爱情的三部曲〉总序》，《巴金自传》，南京：江苏文艺出版社，1995，第 154 页。

曲》是作者对二三十年代革命的思考和总结,他用热烈、真诚、带有强烈情感色彩的文字图景式地展现了一群性格各异的革命者,他们在人生、爱情和革命之间抉择的心路历程,为了理想而充满激情的悲剧性抗争,都获得了当时进步青年的共鸣。1931年巴金开始创作以《家》为代表着力抨击封建家庭专制的《激流三部曲》,在现代文坛极具影响力。

这一时期巴金从探索人生出发走上文学道路,将创作当成生活的一部分,每一篇作品都是追求光明的呼声。相较于追求小说的创作方法、表现手法和技巧等,他更注重"怎样让人生活得更美好,怎样做一个更好的人,怎样对读者有帮助,对社会、人民有贡献"[①],因此,他结合自己的生活经验,热情地讴歌理想和青春,真实地再现革命青年富有正义感和不畏牺牲的精神面貌,表达革命青年绝望、苦闷而又拼命抗争的时代心理。

抗战爆发后,巴金辗转各地,经历着战争的硝烟,感受着在社会重压下人民的生活,他以笔为枪坚持创作。这一时期的小说主要写现实生活中的小人小事,通过他们的不幸遭遇,揭露抗战时期国统区普通民众的无奈和悲哀,真实地反映抗战时期大众的生活境况,强烈地表达着作者对黑暗社会的控诉和抗议。这一时期,他先后创作了《火》《憩园》《第四病室》《寒夜》等,创作风格也从前期热情奔放的讴歌转向沉稳冷静的审视,代表了巴金所追求的美学理想所能够达到的最高水平。

新中国成立后,巴金坚持不懈地创作了大量的短篇小说、散文等,其中五卷《随想录》(《随想录》《探索集》《真话集》《病中集》《无题集》)以个人为解剖对象,反思了知识分子在20世纪经历的道路和教训,真诚而深刻,被文化界誉为是"一部说真话的大书"。巴金是一位富有人道主义精神的作家,他从创作伊始就坚定地反抗封建专制、封建礼教和不合理的社会制度,鼓励青年争取自由和解放,走向革命。他忠实于生活,密切联系时代,敢于

---

① 巴金:《自传:文学生活五十年》,《巴金自传》,南京:江苏文艺出版社,1995,第10页。

发出真实的声音,深刻地揭示人生、社会的情态,是中国现代文学史上具有影响力的作家。

第二节 《家》导读

一、《家》的出版与《激流三部曲》

巴金的《激流三部曲》由长篇小说《家》(1931年)、《春》(1938年)、《秋》(1940年)组成,三部小说创作时间相隔较长,结构上各自独立,但内容上是一个相互连贯的整体。从《家》到《秋》,巴金都紧扣封建家庭的衰亡和青年一代的反抗,主题一脉相承,风格从激昂转向低沉。作品集中反映了在1919年至1924年间风云变幻的中国革命背景下,四川成都一个四世同堂的封建大家庭的盛衰,展现了封建家庭内部的腐败和罪恶以及走向灭亡的过程,揭示了封建礼教和家族制度对青年的摧残和戕害、对人性的扼杀,着力凸显了青年一代的觉醒、反抗、斗争的悲壮历程。

其中,《家》的成就最高,自1931年4月18日开始以《激流》为题在上海《时报》连载,1933年改名为《家》,以单行本出版。《家》从高家最高统治者高老太爷和青年一代的矛盾冲突切入主题,写了高氏三兄弟面对爱情和人生的不同抉择。第二部《春》围绕父女两代人的矛盾冲突,着重刻画了两位女性形象——高家敢于抗争包办婚姻、果断出走上海的淑英和深爱觉新却屈从于父亲安排的婚姻,最终郁郁而终的周家大小姐蕙,表达了对封建专制的婚姻制度的控诉,激励青年要敢于反抗封建家庭专制,勇于追求新生。《秋》则写出了高家大家庭走向没落与崩溃的大结局,觉英、觉群的沉沦和堕落,哀痛那些未走出旧家庭束缚的弱小者,如周枚和高淑贞无可挽回地成为了封建礼教的殉葬品。作者以极大的激情对封建势力进行揭露,歌颂了青年们的觉醒、抗争与决裂,对青年一代进行反封建的启蒙教育方面曾起了很大的作用,尤其是《家》。

二、《家》的创作意图和主题

关于《家》的创作,巴金在《关于〈激流〉》中写道:"为我大哥,为我自己,为我那些横遭摧残的兄弟姐妹,我要写一本小说,我要为我自己,为同时代的年轻人控诉,伸冤。"①他带着强烈的情感色彩回顾了十九年的大家庭生活,以无法遏制的激情呼号、控诉。但是,小说刚写到第六章,他就收到了大哥自杀的消息,痛失亲人的打击,让他因怜爱而痛苦,更加憎恨封建大家庭制度对年轻生命的摧残。他曾说:"在这里我所要展开给读者看的乃是过去十多年生活的一幅画。自然这里只有生活的一部分,但已经可以看见那一股由爱与恨、欢乐与受苦所组织的生活的激流是如何在动荡了。"②小说中这股生活的激流有两方面:一方面是对旧的传统观念、阻止社会进化和人性发展的不合理的制度、摧残爱的势力的憎恨和猛烈抨击,昭示封建宗法制度必然走向灭亡;一方面是对旧家庭里青年一代的哀痛和呼吁,哀痛被旧家庭旧礼教扼杀的悲惨命运,呼唤革命青年要觉醒、要抗争。《家》通过一幅幅饱含血泪的生活写实画面,揭露了封建大家庭必然走向崩溃,作品以现实主义的创作方法、极具批判性的激进主题和充满青春力量的风格,打动了同时代有志于革命的青年,号召他们投入到社会变革的激流中。在三四十年代产生了积极而巨大的影响。

三、《家》的情节概述

《家》的故事发生在四川成都的高公馆,这是一个四世同堂、

---

① 巴金:《关于〈激流〉》,《巴金自传》,南京:江苏文艺出版社,1995,第137页。
② 巴金:《〈激流〉总序》,载楼沪光、孙琇主编《中国序跋鉴赏辞典》,石家庄:河北教育出版社,2003,第778页。

奉行家长专制、充满迫害和倾轧的旧式封建大家庭。小说以爱情故事为主线，以祖孙间的矛盾冲突为线索，写了觉慧与鸣凤，觉新与钱梅芬、李瑞珏，觉民与琴等几对青年的爱情故事。觉慧与鸣凤在朝夕相处中产生了懵懂的情愫，虽然鸣凤是自幼被卖到高家的婢女，但富有热情且受新思潮影响的觉慧却从未看轻鸣凤，并被她的美丽、纯洁深深吸引，大胆地向鸣凤倾诉爱恋之情。觉慧真诚的爱给鸣凤苦涩而平凡的生活增添了亮色，但是还未等到觉慧跨过家庭的阻碍，主动争取幸福，高老太爷就选中鸣凤送给冯乐山做妾。无力抵抗命运的鸣凤怀着对觉慧纯洁的爱恋和无处诉说的哀怨，决绝地投湖自尽。鸣凤之死让觉慧沉浸在痛苦和懊悔之中，逐渐看清了封建等级制度和旧礼教罪恶的本质，最终在觉新的帮助下，冲破了旧家庭的牢笼，出走上海，投入到革命的洪流之中。大家庭长房长孙觉新性情温和，渴望爱情和事业，但却无法摆脱封建礼教的影响，连婚姻也是由父亲用抓阄的方式来决定，最终迎娶了善良贤惠的名门小姐瑞珏。封建家长儿戏般的行为，彻底断绝了他与青梅竹马的表妹梅芬终成眷属的希望，梅芬只能在母亲的安排下选择远嫁，可一年后就守寡回了娘家，经历过一场不幸的婚姻，加上肺病，最终抑郁而终。觉新的悲剧远不止于此，高老太爷去世后，陈姨太等以在家里生孩子会有"血光之灾"为借口，驱赶即将临盆的瑞珏到城外分娩，懦弱的觉新再一次顺从、妥协，最终造成了瑞珏难产而亡。封建礼教和封建迷信的压制让觉新失去了两个最爱的女人，也造成了觉新与梅芬、瑞珏爱情的悲剧。残酷现实的打击，让他开始幡然醒悟，想要改变。相较于觉新和觉慧悲剧的爱情，觉民与表妹琴则充满着对抗家长专制的信心和力量，高老太爷自作主张把冯乐山的侄女许配给觉民，处于热恋中的觉民以逃婚的方式反抗包办婚姻，最终高老太爷答应取消了冯家的亲事，他胜利地回归了高公馆。

小说紧紧围绕着觉新、觉民、觉慧兄弟三人的爱情遭遇，叙说他们不同的性格特点和生活道路，串联起高家各房以及亲戚的人物故事，汇聚成一幅封建大家庭生活的画面，真实地记录着封建礼教和家族制度对青年的摧残和封建大家庭衰亡的必然过程。

四、《家》的典型人物

巴金在《家》中表现人物命运时，注重挖掘造成人物悲剧背后的根源，即不合理的旧制度，作品紧紧围绕这一根源塑造了六七十个人物形象，既有旧制度的捍卫者，如高老太爷、高克明，也有旧制度的反抗者，如觉慧、觉民、琴等，还有旧制度的牺牲者，如鸣凤、梅芬、瑞珏等。

高老太爷是旧制度人格化的典型人物，他作为高公馆的最高统治者，高度依赖封建制度而生存，成为整个家族的"君主"。他专横、冷酷、腐朽，竭力维护封建观念秩序，却事与愿违，终究无法阻挡旧家庭走向衰败，他的衰老和死亡也象征着封建专制制度必然走向崩溃和灭亡。高老太爷作为封建伦理道德的捍卫者，对子孙要求严苛，自己却在年老之时娶姨太太，大肆举办寿辰宴，直接暴露了封建家长伦理道德的虚伪和沦丧。他因循守旧，反对一切新事物，囚禁参加进步活动的觉慧，毫不留情地扼杀青年的理想和幸福。小说中并未过多地着笔刻画高老太爷，他却又无处不在，与高公馆发生的每一幕悲剧都有着直接或者间接的关系。他漠视生命，无视鸣凤的投湖自尽，转而继续将婢女婉儿送给冯乐山做妾。他因循守旧地为子孙包办婚姻，看似合乎礼教，却简单粗暴地对觉新和觉民的爱情横加干涉，仅为满足想抱重孙、实现四世同堂"鼎盛"的目的，间接地酿成了梅芬的悲剧。甚至他死后，也要受到专制者的维护，逼迫觉新让即将临产的瑞珏离开高公馆，最终被"血光之灾"的封建迷信戕害。可以看出，高老太爷依靠封建专制在这个大家庭建立起了绝对的权威，他善于用封建制度和旧礼教来统治大家庭中的所有人，造成一桩桩充满血泪的惨案和一个个年轻生命的逝去。他虽然本身并不十分可恶,却将封建制度人格化,暴露了家长制和旧礼教的腐朽与罪恶,揭示了封建专制泯灭人性的本质。然而,拼尽全力维护封建专制的高老太爷,在临死前表现出来对觉慧和觉新的宽容,在幻像中仿佛看到了儿子们的荒淫堕落和孙子们的叛逆出走,即将死去的他极度绝望,再也无力掌控一切,预示着以高公馆为代表的旧家族制度终将分崩离析,走向灭亡。

觉慧受"五四"新思潮的影响,看到了一个崭新的世界,他感觉到自己生活的这个大家庭是一个"狭小的笼",便努力尝试冲破封建大家庭的桎梏,追求理想,走向社会。高公馆外,他积极参加反封建的社会活动,编进步刊物,逐渐成长为一名充满热情、有理想的进步青年。高公馆内,他更是不害怕、不妥协,敢于蔑视封建家长制的权威,公然揭穿"捉鬼"的封建迷信行为。面对爱情,他不顾家庭的阻挡和阶级的限制,勇敢向婢女鸣凤表达爱意。面对旧礼教,他大胆帮助觉民逃婚,让觉民最终摆脱了包办婚姻的命运,反对觉新的"不抵抗主义",决心做自己的主人。鸣凤、梅芬和瑞珏的悲剧已经让他对这个家不抱任何希望,终于在觉新和觉民的帮助下出走上海,冲出了封建专制的牢笼。觉慧的身上寄托着作者对一代革命青年勇于抗争旧制度的认同和歌颂,但是也毫不回避觉慧的缺点,他还是一个"幼稚而大胆或者有点狂妄"的青年。觉慧爱鸣凤,却又经常在矛盾中徘徊,迟迟下不了决心,直到忠贞的鸣凤投湖自尽,他也没有跨过阶级这道鸿沟。他能够自觉地与高老太爷为代表的封建家长斗争,却在高老太爷临终时产生了疑虑和犹豫,然而实际上祖孙两代人的隔膜是永远都无法消除的。

作为封建专制的反抗者,觉慧是第一个从"家"中出走的青年,是一个具有重要意义的新人典型。同样是在高公馆成长起来的一辈,觉慧积极接受新思想,蔑视封建专制制度和旧礼教,敢于拒绝封建大家长的安排,大胆追求爱情与理想。当他与充满罪恶的封建大家庭之间的矛盾和冲突再也无法调和时,"大胆而幼稚"的觉慧怀着对封建专制的憎恨和对幸福人生的向往,走出了笼罩着旧制度的高家,最终投入社会革命的洪流之中。

关于觉新,巴金曾说:"觉新不仅是书中人,他还是一个真实的人,他就是我的大哥。"①小说注重挖掘觉新的性格,成功地塑造了这一充满矛盾的典型艺术形象。他是一个具有双重性格的悲剧人物。他屈服于封建家长制,徘徊于新与旧之间,他接受过"五四"新思想的洗礼,能够认清封建专制和旧礼教的罪恶,但却怯于反抗。当父亲包办婚姻破坏了他与梅芬的爱情之时,他带着长房长孙的枷锁顺从了,很快就沉浸于平静的生活。觉新在封建伦理道德和旧礼教的毒害中,行动上一再退让,作为家中的长子长孙他被迫维系着旧制度,逐渐成为了封建统治的参与者。因此,即便是自己饱受包办婚姻的戕害,也在觉民逃婚时做出"据我看是没有办法了"的预判,明明知道世上无鬼,也要顺从地参与"捉鬼"。纵然清楚陈姨太"血光之灾"是封建迷信,但最终还是接受了,将瑞珏送到城外茅屋中,结果戕害了她的生命。然而瑞珏之死,让觉新意识到一次次的妥协付出了惨重的代价,也唤醒着他并不麻木的灵魂。他开始质疑旧礼教和旧传统,痛哭逝去的青春、幸福和前途,他开始同情受压迫的青年,对觉民的抗婚、觉慧的出走都给予了帮助。觉新终究是一个复杂的人物,他善良、待人诚恳,却又优柔寡断、逆来顺受,能够清醒地感知到矛盾和愤怒,内心饱受煎熬,却依旧奉行"作揖主义"和"无抵抗主义",委屈求全地过活。作者通过觉新深刻地揭示了封建礼教的罪恶本质,昭示着对待封建宗法制度一味地妥协退让是行不通的,唯有坚决而彻底地与旧制度旧礼教决裂,勇敢地进行反抗和斗争才有出路。

《家》中的年轻女性形象,性格单纯,生动而富有特征,最具代表性的是鸣凤、瑞珏和梅芬。她们虽然是旧制度的牺牲者,但是内心却有着坚韧而美好的向往。鸣凤是高公馆的婢女,善良而纯洁,"她从不曾伤害过一个人"。她饱受阶级压迫,旧礼教又

---

① 巴金:《谈〈家〉》,载《百年激流 巴金回想录》,海口:南海出版公司,2000,第218页。

无情地摧残着她对爱情美好的期待,为了维护那份对觉慧坚定而忠贞的爱,性情刚烈的她毅然决然地以死抵抗封建专制。而作为封建大家庭一份子的梅芬和瑞珏,都具有温柔而善良的品行,对爱情和婚姻也抱有美好的期待,却无力抗争,只有惺惺相惜,最终也逃不过泯灭人性的旧制度。

五、《家》的艺术特色

《家》在结构上舒缓自然,借鉴《红楼梦》的结构特点,紧紧围绕高公馆的盛衰史,以几对年轻人的爱情为线索,贯穿起高公馆所有人物,结构精巧。小说从觉慧与鸣凤的爱情悲剧,到觉新与瑞珏、梅芬的爱情纠葛,再到觉民与琴的爱情抗争,一个个故事慢慢铺展开来,一个个人物悄然勾连,使得情节有条不紊,跌宕起伏,全面而细致地揭示了青年知识分子的觉醒、抗争和这个封建大家庭的衰亡。

《家》注重人物内心世界的刻画,如鸣凤投湖之前的内心独白,她"盼望着他向她伸手,祈祷着他有一天会拯救她,把他从污泥中救出来",而现实却是"她知道这一次真正是一点希望都没有了",难掩绝望与痛苦。"多余人"觉新,再次遇到守寡回娘家的梅芬时,内心情感的倾诉,衬托出人物此时此地的心境。

《家》中所叙述的故事是巴金过往亲身经历过的生活,人物也是他所爱过和恨过的,他在小说中尽情地倾吐着对不合理封建家庭制度的憎恨,痛苦而怜爱地书写一个个备受折磨与摧残的年轻生命。《家》通过悲欢离合的故事对垂死的旧制度进行控诉,真实地记录了封建大家庭走向崩溃的过程,情感汪洋恣肆,真挚而浓郁,热情而坦率,极具冲击力。

第三节 《寒夜》导读

一、《寒夜》的创作

巴金在抗日战争时期,辗转于桂林、贵阳、重庆等多地,始终以饱满的热情投入抗日斗争与抗战文艺活动之中。在当时的重庆和其他的国统区,知识分子大都经济窘迫,处境非常艰难,巴金就亲眼目睹了挚友陈范予、王鲁彦等因无钱治病去世,深受打击。巴金认为"这种情况不能再继续下去",要敢于控诉,要替那些小人物伸冤,要通过文学作品展现战争给中国社会和知识分子造成的灾难,宣判旧社会、旧制度的死刑。他最终将抗战时期的真实感受、战后的生活体验和理性的反思融入到《寒夜》之中,虚构了一个知识分子家庭的悲剧故事。

《寒夜》是巴金1944年至1946年底创作的一部长篇力作,标志着他在现实主义艺术探索上的最高成就。巴金指出,《寒夜》"不是为了鞭挞汪文宣或者别的人,是控诉那个不合理的社会制度,那个一天天腐烂下去的让善良的人受苦的制度"。小说的创作背景是抗战时期的国统区重庆,在这里"社会上最活跃、最吃得开是搞囤积居奇,做黄白生意的人"[①],而知识分子却被现实生活的贫困、社会的不公平摧残着,一步步走向悲惨的死亡,现实中不停地上演着一幕幕社会重压下善良无力的小人物的悲剧。《寒夜》中虽然人物是虚构的,但背景、事件却是十分真实的。故事背景就设定在作者当时重庆住处的四周,酒馆、咖啡厅、警报、生病、物价飞涨、生活困难等,一切的人和事都在小说中继续着,"我好像活在我自己的小说中,又好像在旁观我周围那些人在扮

---

① 巴金:《关于〈寒夜〉》,《巴金自传》,南京:江苏文艺出版社,1995,第265页。

演一本悲欢离合的苦戏"①。

二、《寒夜》的故事情节

《寒夜》讲述了1944年至1945年间即抗战胜利前一年,在国民党统治下的"陪都"重庆,一个普通知识分子家庭的悲剧。小说主人公汪文宣和曾树生就读于同一所大学的教育系,年轻的他们曾经共同憧憬要办一所乡村化、家庭化的学堂,实现"教育兴国"的理想,为国家做有益的事情。后来他们自由恋爱结为夫妻,定居上海。抗战爆发后,一家人从上海逃难到重庆。为谋生计,满足最低的生活需求,他们放弃了最初的教育理想。汪文宣在一家半官半商的图书文具公司做校对,曾树生在大川银行做职员,十三岁的儿子小宣在贵族学校就读,汪母则在家操持家务。社会环境和人生经历的巨大变化,不断冲击着这个普通的家庭,曾树生与汪母的婆媳关系日益僵化,夹在中间受气的汪文宣根本无法调和矛盾,极其痛苦,却偏又患上了严重的肺病,使得家庭经济更加拮据。此时的曾树生为了追求个人幸福,经过一番激烈的思想斗争,终于决定离开这个冷漠的家,跟随陈主任远赴兰州。她按时从兰州给汪文宣寄钱治病,但他终究还是在抗战胜利的鞭炮声中死去,汪母变卖家当后带着孙子小宣离开了重庆。两个月后,不知情的曾树生从兰州回到重庆,却已是人去楼空,徒留伤感。

三、《寒夜》的主题

《寒夜》正是通过汪文宣、曾树生、汪母三人之间的情感纠葛与家庭悲剧来表现小说主题的,犀利地将矛头指向整个旧社会、旧制度和黑暗的社会现实。小说将这个家庭的悲剧放在整个社

---

① 巴金:《谈〈寒夜〉》,《巴金选集》第十卷,成都:四川人民出版社,1996,第221页。

会的大环境中展开,主人公接受的是大学教育,思想进步、充满朝气和理想的两人自由恋爱而结合,组建了幸福美满的家庭。然而战争的爆发,将一切平静击得粉碎,他们开始饱受战争的威胁,流离失所,生活困顿。

抗战后期的国统区社会腐败,贪污成风,物价飞涨,人们四处谋生,生活极其艰难。到重庆避难的汪文宣在国民党开办的半官半商的书局做校对,为微薄的收入,善良而懦弱的他忍受着工作的繁重、上司的刻薄、人情的冷漠、精神的折磨,终染上肺病。曾树生依靠美貌成为了大川银行的"花瓶",她每天上班就是要打扮得漂亮,能说会笑,让上司高兴就算尽职了。现实的处境磨灭着两人的个性和理想,身心疲惫的汪文宣和追求幸福的曾树生逐渐产生了情感的裂痕。随着汪母的到来,接踵而至的是婆媳关系不和与无休止的争吵,进一步激化了夫妻二人潜在的情感矛盾。尽管曾树生与汪文宣是相爱的,但她在社会享乐和奢靡风气的浸染下,终究还是为追求个人的幸福而离开了家庭,加速了这个家庭走向分崩离析的悲剧。这次"出走"却没有获得幸福,当她再次归来已经物是人非,只能独自行走在"寒夜"之中。汪文宣、曾树生、汪母三人的一举一动都不是出于本心,而是快要崩溃的旧社会、旧制度、旧势力在后面指挥他们,巴金在《谈〈寒夜〉》指出:"我要通过这些小人物的受苦来谴责旧社会、旧制度。我有意把结果写得阴暗、绝望。没有出路,使小说成为所谓的'沉痛的控诉'。"[1]而以汪文宣为代表的国统区广大知识分子命运与他一家的悲剧,正是对国民党反动统治的强烈控诉,对社会现实的有力批判。

四、《寒夜》的人物形象

《寒夜》将人物置身于抗战背景下琐碎而充满矛盾的日常生

---

[1] 巴金:《谈〈寒夜〉》,《巴金选集》第十卷,成都:四川人民出版社,1996,第229页。

活之中,细腻地刻画了汪文宣、曾树生、汪母三个人物形象,他们是抗战时期善良、忠厚、压抑的小知识分子命运的缩影。

汪文宣曾经是满怀理想、热爱生活、志在教育报国的有为青年,他年轻而富有活力,深深吸引着志同道合的曾树生。然而战争爆发后他们逃难到大后方重庆,在这里不仅没有实现理想的机会,反而连生存都陷入极其艰难的境地,社会环境、现实生活彻底改变了他。为了养家糊口,他无奈选择与理想毫无关系的校对工作。在书局,他从不拒绝上司安排的工作,任劳任怨,忍受着工作的繁重和同事的冷漠,性格和心理状态都发生了巨变。他神经敏感,一句平常的话语、一个注视的目光、一声偶尔的咳嗽,都会让他疑虑重重,沉浸在胡乱的自我猜测之中,变得谨小慎微、委屈求全、唯唯诺诺。于是,婚姻和家庭成为汪文宣全部的情感寄托,他深爱妻子,看着年轻而动人的妻子出入各种饭局和舞会,心中常有疑虑,却不断地自我说服,感叹缺乏精神的自己与妻子相差太多,心中一直倍感痛苦。他心疼母亲,无奈却一直无法改变母亲对妻子的不满。他一方面在母亲面前维护妻子,另一方面又劝慰妻子能够退让,优柔寡断的性格使他始终无法调和婆媳关系。他怀着"家,我有的是一个怎样的家啊"的困顿,陷于家庭纠葛的旋涡之中无法自拔,心力交瘁,也加速了岌岌可危的家庭的破裂。汪文宣承受着经济和精神的双重压迫,痛苦而焦虑地活着,积劳成疾,肺病不断恶化。可悲的是,妻子和母亲都想尽办法拯救他,然而实际做到的却是更加逼迫他。经济的拮据和家庭的破裂让他看不到生的希望,当抗战终于胜利,全家以为迎来希望之时,他却最终在锣鼓喧天庆祝胜利的那一刻默默死去,无限凄凉,演绎了国民党统治下善良知识分子的悲剧。

曾树生是一个性格充满矛盾的女性形象,她对理想、家庭和人生的态度上都充满矛盾。她渴望爱,却饱受家庭情感的折磨;她忠于丈夫,却经不起"痛快生活"和物质的诱惑,大胆与年轻的男性交往;她追求自由和幸福而选择北上,却从未忘却家庭责任,每月寄钱回家;她嫌弃懦弱的丈夫,却又怜爱他的体弱多病;她憎恶冷言冷语的汪母,却从未吝啬生活上的资助,甚至同情她的劳苦。她接受过高等教育,有理想抱负,但战争的窘境迫使她放弃自己的梦想,为了让家人能够生活好一点,寻了一份商业银行的职位,忍气吞声地成为摆设般的"花瓶"。无休止的战争让她几乎绝望地感叹:"我已经没有资格说教育,谈理想了。"她想反抗却无能为力,面对黑暗的社会,想摆脱困境却苦于没有出路,一度有"活着真没有意思"的绝望。与汪文宣不同的是,曾树生勇于追求自由与幸福,为了弥补理想的空虚,她渴望有一个充满爱和温暖的家。她深爱汪文宣,对他温柔以待,努力维护着这个贫穷而矛盾重重的家。她强忍着汪母的恶语相向,一次次勇敢地留下来,不忍心看借酒消愁的丈夫醉倒路边而扶他回家,冒着生命危险去给丈夫送防空证,细致入微地照顾身患肺病的丈夫。归家的曾树生不断遭受着汪母的讥讽,从"姘头"到"当花瓶""交男朋友""约会""脸皮厚"到逼着她"滚",一道道精神的防线几近崩溃,内心痛苦而煎熬。而汪文宣对汪母的一味迁就,让夫妻陷于无休止的争吵之中,丈夫的懦弱和无能,让她倍感空虚和寂寞,她终于发出"我要和你离婚"的悲号。现实的无奈一步步逼她走上了改变的道路,她开始追求个人享乐,出席各种舞会和饭局,尽情享受物质的满足,尽管有时会受良心责备,却无法摆脱诱惑,展现出她自私和贪图享乐的一面。当陈经理邀她同去兰州之时,她不忍心伤害善良的丈夫,本是要拒绝的。但每当看到"永远带着半死不活的样子"的丈夫和从未尊重过她的汪母,她又不甘心,经历了一场复杂的心理斗争后,矛盾痛苦的曾树生去了兰州。抗战胜利后,曾树生回到重庆,老宅却已人去楼空,再也不见家人,孤独地徘徊在寒夜中,不屈服于生活的她,最终也还是被黑暗的社会所吞噬,无限凄凉。

汪母是一个旧式的知识妇女,曾是昆明的"才女",年轻守寡。战乱年代,她投奔儿子,主动承担家务,过着"二等老妈子"的日子。从母子的角度看,汪母将所有的爱毫无保留地给了儿子,不辞辛劳、无微不至地照顾儿子,是一位好母亲。从婆媳的角度看,她和儿媳是有着不同观念的两代妇女。汪母接受过妇德教育,"夫为妇纲"的家庭伦理观念根深蒂固,与受新文化洗礼、追求个性和自由的儿媳曾树生格格不入。汪母借汪文宣和曾树生没有举行旧式婚礼一事,不断地挖苦曾树生是汪文宣的"姘头",认为她去参加舞会、饭局、咖啡厅就是不守妇道,甚至污蔑她与别人约会,坚信儿子一定会离婚,同时独断专行,想要独占儿子的爱。汪母在无形之中毫不留情地破坏着儿子的婚姻。汪母极端自私和顽固、保守,是促成这个家庭悲剧的核心人物。

《寒夜》通过黑暗中挣扎的"小人物",表现了他们理想的幻灭,人性的扭曲,现实的无奈,从善良而懦弱的汪文宣,到年轻而富有活力却内心孤独、充满矛盾的曾树生,再到因循守旧的汪母,都带有浓郁的悲剧色彩,折射出黑暗的社会对普通知识分子及其家庭无情的摧残。

五、《寒夜》的艺术风格

《寒夜》整体上表现出朴素平实的现实主义文风,注重刻画人物的精神世界,讲究环境的渲染,在结构上首尾呼应,呈现出深沉而含蓄的艺术风格,标志着巴金现实主义创作的成熟。

《寒夜》没有跌宕起伏的情节,故事娓娓道来,是一部平民的史诗。故事发生在紧张而焦灼的抗战后期的大后方重庆,主人公不再是充满激情的英雄人物,而是战争年代身边随处可见的、为生活苦苦挣扎的"小人物"。同样是写家庭,《寒夜》更加注重通过主人公日常生活的摹写,冷静而客观地勾勒家庭的艰难困境和辛酸苦楚,真实地再现抗战后期国统区底层知识分子及其家庭的不幸遭遇。故事开篇写汪文宣在寒夜中苦苦寻找离家的妻子,落寞而归,只能在现实与梦境中苦苦挣扎,感慨"无处不是苦恼"的他借酒消愁醉倒路边,路过的妻子不计前嫌,扶他回家,两人又一次重归于好。归来后的曾树生面临的家庭矛盾没有丝毫改变，婆媳的争吵、夫妻的纠缠、母子的争论接踵而至，慢慢催化着家庭悲剧的裂变。小说的情节发展是通过日常生活中的琐事一步步推进的，按照客观生活的轨迹冷静书写，含蓄而深沉，在生活场景的描绘中融入主人公的情感诉说，让生活和人物本身的遭遇来控诉社会的黑暗与腐败。小说从取材、人物塑造、情节发展等方面紧紧围绕现实生活展开，表现出与现实生活浑然一体的艺术境界。

在人物形象的塑造上，巴金关注人物的精神世界，注重挖掘他们的心理活动轨迹，充分表现人物内心情感的复杂性和深刻性。《寒夜》将主人公置身于日常生活的各种琐事之中，在语言和行为之外，侧重体察事件中人的情境和心境，直击灵魂，让内心暗流涌动的情感显露无疑。如汪文宣深爱妻子，吵架时表面上频频"发急"，其实"心里很想让步"，当妻子负气出走后又赶紧去寻找。收到妻子的来信，回信时按捺住和解的想法，故意冷漠地表示并不关心妻子是否回来，转而自己却深陷矛盾与失望的旋涡。这一情节通过生活中细节的书写，细腻地展现了汪文宣复杂的心理世界。屈从于现实的汪文宣敏感而懦弱，整日在书局和家庭间艰难地奔波，困苦的生活和病弱的身躯常常让他沉溺于自我世界来进行自我对话，在不断的疑问和哀叹中处于痛苦煎熬的心境，使得他的内心情感丰富而复杂。健康而富有活力的曾树生在家庭生活中处处碰壁，徘徊于放不下丈夫的爱和舍不下生活的自由之中，内心世界充满矛盾。陈主任的表白打破了曾树生沉寂的生活，她害羞又兴奋，但是一想到家中的争吵、仇恨、寂寞和贫穷，她又感到痛苦而惶惑，此刻便有了"走了也好"的想法。当回到家中，面对善良而充满爱意的丈夫，她又犹豫了，不肯独自离去。最终，因迫于经济的压力和汪母的步步紧逼，她下定决心要挣脱，去寻找自己追求的路，作者紧紧抓住曾树生内心"去"与"不去"两种对立想法，勾勒出一场思想上此消彼长的激烈斗争，真实而细腻地展现了她内心的痛苦抉择。

《寒夜》注重用环境描写来衬托人物心境，增添了浓重的悲剧色彩。小说中多次写到寒夜,故事开篇写汪文宣寒夜中回家,夜的寒气不断刺向他的脊背,这是一个紧急警报拉响的夜晚,灰黑的街道没有一丝亮光,一切都是昏暗模糊。曾树生的离开也发生在寒夜里,汪文宣望着远去的妻子和陈主任,觉得"周围是这么一个可怕的寒夜"。这正是暗无天日的抗战时期国统区真实社会环境的写照。抗战胜利后,曾树生回到重庆探亲,家却已荡然无存,走在寒夜的路上"迎面一股寒风使她打了一个冷噤",夜的确太冷,她需要温暖,但却已无家可归。这是希望的破灭,没有出路的绝望,戳穿了国民党当局的谎言,揭示了即使抗战胜利了也没有光明,因为"胜利是他们胜利,不是我们胜利。我们没有发过国难财,却倒了胜利楣"。小说巧妙书写汪文宣的家庭环境,那是一间阴暗、寒冷的阁楼,充斥着冷漠、仇恨和敷衍。在这里健康而大胆的曾树生处处碰壁,感觉到孤独、害怕,被迫去寻找自由和温暖的栖身之地。在这里汪文宣无力抗争地躺在床上忍受着病痛和思念的双重折磨,毫无生气,与窗外市井的喧嚣形成强烈的对比,当他再也无法支撑,痛苦死去时,外面却是一片欢庆胜利的鞭炮声。通过曾树生和汪文宣家庭环境的渲染,鲜明地展现了普通知识分子精神的落寞和生活的卑微,尽显小人物的悲哀。

小说构思独特,紧紧围绕"寒夜"这一情境,缓缓讲述了树生的出走、婆媳的争吵、家庭的破裂、文宣的死亡和树生的归来,一件件平凡人的故事却深刻地揭示了旧制度的罪恶和社会的黑暗。开篇写汪文宣独自行走在昏暗无光的"寒夜"之中,接着是曾树生在战势紧张的"寒夜"中出走兰州,再写树生在抗战胜利后的"寒夜"归来,每一个寒夜都在上演人生的不幸遭遇,满是无限凄凉。

【思考与讨论】

一、《激流三部曲》描写了在1919年至1924年间风云变幻的中国革命背景下四川成都一个封建大家庭高家四代人的生活,请结合小说内容探讨《激流三部曲》的意义。

二、觉新是巴金在《家》中为中国新文学提供的一个崭新的艺术形象,是封建礼教毒害下人格分裂的典型,请从长子形象的角度探讨觉新的悲剧命运。

三、《寒夜》中充满着矛盾,既有知识分子理想与现实之间的矛盾,也有夫妻矛盾,种种矛盾交织纠缠中尽显着那个时代小知识分子的压抑与痛苦。请探讨曾树生在"寒夜"中离去与归来的矛盾心理。

第八章　曹禺作品导读

第一节　作家小传

曹禺是中国话剧史上的天才人物,他在二十出头的年纪就创作出令人振聋发聩的剧作《雷雨》,以极具冲击的情感张力和深刻透彻的人性解剖,在布局精巧的戏剧结构中展现出超越时代的文学眼光。他的创作大都从批判现实的角度切入,却总能跳出具体的历史局限,最后回归到探索人类精神家园的奥秘之境。在闪烁着智慧光芒的作品背后,曹禺有着怎样的人生呢?这一节将通过戏剧天才的成长之路探索他的戏剧观,梳理他的心灵轨迹。

一、阴郁的家庭氛围

曹禺(1910—1996),原名万家宝,字小石,小名添甲,笔名曹禺。祖籍湖北潜江,出生于天津一个没落的封建官僚家庭。他的父亲曾担任黎元洪的秘书,但仕途不顺,人到中年便赋闲家中,染上了鸦片恶习。母亲在他出生仅三天的时候就离开人世,随后母亲的孪生妹妹成为父亲的续弦,将曹禺抚养长大。

精神的失落和空虚感弥漫在曹家的空气中,形成阴郁的家庭氛围。在僵化腐朽的家族生活中,曹禺过早地体察到了人情冷暖,养成了孤僻敏感的性格。他从小便接触光怪陆离的上流社会,敏锐早熟的性情使得他将各种畸形的人物百态烂熟于心。这是他童年的精神重负,也为他日后通过文学创作释放精神重压埋下了伏笔。

在厌恶和愤懑的情绪中,随继母看戏成为他暂时逃避家庭阴霾的一种方式。京戏、昆曲、河北梆子甚至文明新戏等多样化的戏剧形式令他着迷。通过看戏,他逐渐了解并爱上了戏剧舞台,在对戏剧艺术的广泛涉猎中不断提升自己的艺术品味,为日后的戏剧创作埋下了种子。

二、结缘话剧

出于对戏剧的热爱,在南开中学读书时曹禺就加入了南开新剧团,开始以演员的身份登上话剧舞台,出演《压迫》《玩偶之家》等国内外的热门剧作。与此同时,他还以编辑的身份负责《南开双周刊》的戏剧部分,从演员和编辑的双重视角体察戏剧,丰富自身戏剧实践经验。

1929年,随着父亲的离世,曹禺决定遵从自己内心的热爱,由南开大学政治系转入清华大学西洋文学系,潜心研究话剧。在此期间,他阅读了大量戏剧经典,从古希腊悲剧到莎翁的创作,以及奥尼尔、契诃夫、霍普特曼等戏剧界泰斗的艺术思维中汲取养分,夯实了自身的戏剧理论基础。

三、天才问世

1933年,曹禺的话剧处女作《雷雨》诞生。剧作以现实主义批判的眼光审视罪恶的封建大家庭,以立体丰富的人物形象激荡着人们苦闷的心灵,一经发表便举世瞩目。1935年,他又以充满欲望的都市为底色,塑造了陈白露这一新时代女性形象,将她追寻自由美好却最终走向堕落的生命悖论写进《日出》里,在黑白颠倒、好似漫漫黑夜的绝望中,揭示了深陷金钱主义泥潭的丑恶人性。以上这两部作品将中国人由传统走向现代的复杂心理以戏剧冲突的形式加以展现,无论从戏剧结构还是人物形象、思想主题等方面考量,都体现出十足的"现代性",这是现代话剧成熟的标志,同时也意味着一个戏剧天才的问世。

1936年,曹禺任职于南京国立戏剧专科学校。这一年他创作了《原野》,以西方戏剧的表现手法刻画了仇虎这一形象,在一出"复仇"大戏中探索人类的精神困境,展现仇虎的悲剧命运。此剧开拓了曹禺创作的表现题材,由城市转向农村,表现底层农民的觉醒与反抗。同时,剧作延续了表达人性苦闷这一曹禺剧作的一贯主题,勾勒出充满诗意的神秘氛围,体现了作者不断精进的艺术追求。

四、爱国激情

抗日战争的全面爆发点燃了曹禺的爱国激情,因此他创作了抗战题材的话剧《蜕变》,与宋之的一起创作了《黑字二十八》。1940年,曹禺回归到他最熟悉的封建家族领域,创作了《北京人》。剧作以曾家三代人的命运浮沉揭示了封建文化的穷途末路,呼唤带有生命活力的时代新生力量将其取而代之。随着作品的问世,作家又迎来了一座创作的高峰。1942年,他将巴金饱含革命激情的长篇小说《家》改编成话剧搬上舞台,赢得了满堂喝彩。

新中国成立以后,曹禺的爱国热情不减当年,他以高度的政治热情创作了《明朗的天》、《胆剑篇》(与梅阡、于是之合作)、《王昭君》等话剧。1996年,这位超越时代关注人类精神命运走向的剧作家病逝于北京。他以天才般的话剧创作打破封建文化的枷锁,以火热的爱国之心点燃民族激情。他的悲剧自成一派,在颇具现代意识的人性探索中闪烁着智慧的光芒,他成为现代文学史上一颗耀眼的明星!

第二节 《雷雨》导读

《雷雨》是曹禺话剧创作的开始,为他带来了"东方莎士比亚"的美名。这是一部由社会现实展开的悲剧,却不仅仅止步于对现实的批判。话剧以超前的眼光追溯悲剧的根源,最终到达探索人类心灵苦闷的神秘之境。

一、创作背景

阴郁的家庭氛围笼罩着曹禺的童年,成为他生命中挥之不去的记忆。对腐烂社会中处在上风的统治阶层种种"罪行"的憎恶,以及对处在下风被剥削者种种"伤痛"的同情,影响了曹禺的戏剧创作。他曾坦言:"隐隐仿佛有一种情感的汹涌的流推动我,我在发泄着被压抑的愤懑,毁谤着中国的家庭和社会。"① 这是《雷雨》产生的原始推动力。

"九·一八"事变后,就读于清华大学的曹禺深感愤怒,于是担起了学校抗日宣传队队长的重任。他在和同学去保定宣传抗日的途中偶遇一赵姓工人,被其身上浓厚的爱国热情吸引,以此为原型创造了鲁大海这一角色。1933年,经过五年时间的沉淀,《雷雨》终于在他大学毕业时创作完成。1934年,剧作经由巴金的推荐发表于《文学季刊》,正式问世。

二、情节梗概

《雷雨》共分四幕,以周公馆和鲁家住处为主要场景,在不到一天的时间内,以回溯的方式揭露了周、鲁两家两代人30年以

---

① 曹禺:《雷雨·序》,载《曹禺文集》第1卷,北京:中国戏剧出版社,1988,第211页。

来的爱恨情仇和复杂矛盾纠葛。剧作以第一代周朴园和侍萍的爱情悲剧为最初的"因",以第二代周冲、四凤触电身亡,周萍开枪自杀为最后的"果",上演了一出等级森严的封建家族制度下的人间惨剧。

剧作描述了封建家庭出身的资本家周朴园为了迎娶大家闺秀繁漪,将已经为他生了两个孩子的丫鬟侍萍狠心抛弃。周家只留长子周萍,无奈之下侍萍抱着刚出生的小儿子投河自尽,之后大难不死改嫁给出身低贱的鲁贵。她与周朴园的小儿子也改姓鲁,名大海。与鲁贵结合后,侍萍生下四凤。怎料几十年过去了,鲁贵和四凤又来到周家做仆人,周、鲁两家第二代人的悲剧拉开序幕。

彼时的周家,繁漪成为周萍的继母,并和周朴园育有一子周冲。冷酷的周朴园将繁漪当作笼中之鸟,造成了她身心的苦闷,富有同情心的继子成为她爱情的寄托。然而,周萍饱受伦理道德的折磨,最终选择维护家庭伦常转而爱上单纯美丽的四凤。他同父异母的弟弟周冲也爱上了四凤。四凤在兄弟二人中选择了周萍,并很快怀上了他的孩子。然而,四凤丫鬟的身份让这个深受封建等级制度浸染的"大少爷"无法负起责任,更可悲的是两人同母异父的事实!繁漪的嫉妒心像一剂毒药,伴随着侍萍与周朴园的再次相遇,大海作为工人与身为资本家的父亲阶级对视……所有残忍的事实被一一揭穿,悲剧再次重演……

三、人物分析

(一)周朴园

首先,他是家庭专制的暴君,是夫权和父权的象征。他以伪善的性格装点做"人"的体面,又以冷酷无情的真实面目维护等级森严的家庭权威。他生命中的两任妻子,第一任被他抛弃,第二任被他囚禁。抛弃是为了维护封建家族的体面,毕竟主仆有别；娶一个大家闺秀才能实现家族利益的最大化；囚禁是为了树立家庭权威，对内他让妻子做一个臣服的对象以此来震慑晚辈，对外他要做一个圆满家庭的假象以示众人。

其次，他也是黑心的资本家，压榨工人血汗钱，为了利益甚至可以草菅人命，丧尽天良。他在与鲁大海的对峙中展现出奸滑无比、诡计多端的人物形象。

最后，他也是封建家族制度的牺牲品。腐朽的封建文化禁锢了他的思想，使他养成了自私冷酷的性格，也丧失了被爱的资格。从这个角度考查，他是孤独可悲的。当维护封建家族制度成为他的本能反应，他也已经沦为丧失独立人格的"机器"。

（二）繁漪

繁漪是剧中最为立体丰富的人物形象。雷雨前闷燥的人物性格，在她身上体现得最为明显。周朴园制造的压抑的家庭氛围来到了她的面前，使她在绝望中失去了理智。她对继子的爱超出了爱情的范畴，成为了她生命中最后的救命稻草。近乎变态的爱使她变得疯狂，而爱而不得的恨又将她推向地狱，化为雷电带给周、鲁两家毁灭的命运。

她身上带有现代女性自我解放的气质，孤注一掷的反抗精神与压抑的戏剧氛围形成强烈的反差，自尊与自卑、狂妄与软弱……一系列极端的情绪激起感情的旋涡，给人带来震撼的心灵体验。她的处境令人同情，她的反抗令人钦佩，她的疯狂让人感到可怕。她有着烈火一般炽热的情感，也有着如烈火一样足以毁灭一切的超强破坏力。层次感丰富的人物刻画，让我们体会到这个女性内心深处的痛苦挣扎，她是罪恶的封建家族制度下畸形的产物。

（三）侍萍

侍萍身上有着中国传统女性善良温顺的特点。盲目的爱情让她吃尽了苦头，当她认清封建专制的真相后，可怕的命运又再次降临在她女儿的身上。作者对她的命运深感同情,为她的骨气拍手叫好。她以受害者的身份出现,她的存在揭露了封建家族制度对底层女性命运的践踏!

(四) 周萍

周萍在周朴园的家长权威下形成了自私、懦弱的性格。他在与继母的乱伦关系中无所适从,便想要以四凤纯洁的爱洗去内心的罪恶感,逃避现实,不负责任。这是一个欲望先行但又无法摆脱封建专制文化心理束缚的病态灵魂。

面对工人阶级,他又立刻化身为恃强凌弱的资本家嘴脸,成为家族利益的维护者。这一形象继承了周朴园残暴的一面,同时他又是家庭专制的受害者。

(五) 鲁大海

鲁大海是一个敢于挑战封建权威,为工人阶级争取利益的正面形象。作为周朴园的亲生子,他是一个封建家族的反叛者和掘墓人。尽管他缺乏斗争经验,但是他英勇正义的行为不失为剧作的一抹亮色。

(六) 其他人物

鲁贵是一个投机钻营、奸诈自私的恶奴形象。他与鲁家其他人物善良本分的形象形成鲜明对比,又与周家作为资本家的贪婪本性遥相呼应。

周冲和四凤都是剧作中单纯美好的形象。作者以他们被毁灭的结局渲染着浓郁的悲剧氛围,以此控诉封建家族制度的罪恶!

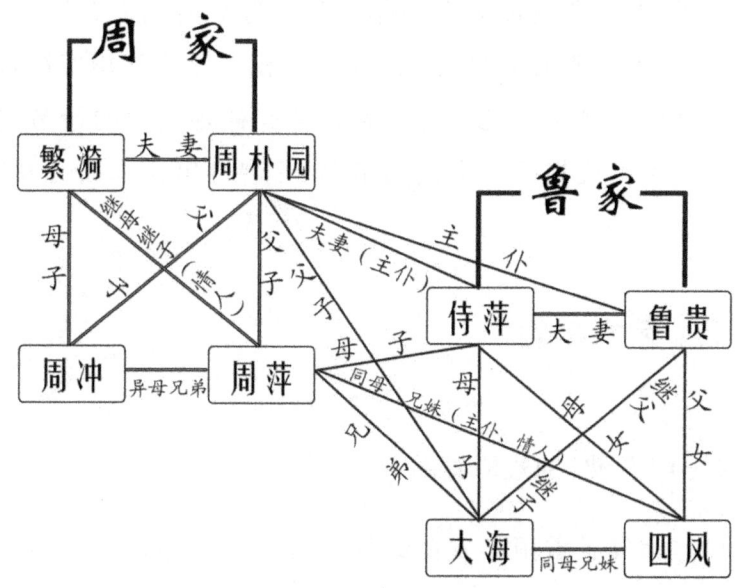

《雷雨》人物关系图

四、主题思想

剧作将以封建宗法制为内核的资产阶级上流社会的家庭罪恶,通过与社会底层平民家庭复杂的亲伦关系逐一揭示,控诉了封建家庭等级制度的黑暗,揭露了封建礼教吃人的本质!

周朴园作为两个分属不同阶级家庭的罪恶本源,使周家笼罩在封建大家族等级森严的悲剧宿命中,使鲁家成为被操控的一方,无力把握自身命运。繁漪作为周、鲁两家走向毁灭命运的导火索,是周家父子的冷酷绝情将她推向深渊,让她向命运发出了与周围一切同归于尽的凄厉绝叫,最终将有罪和无辜之人一同毁灭!

《雷雨》在批判封建文化的外衣下潜藏着对人类精神世界探寻的主题。苦闷的心灵主宰着剧中人物的语言和行动,外化为富有张力的情节和强烈的戏剧冲突。繁漪心灵的苦闷表现为情欲的"高涨"与"禁锢"之间的矛盾,以及渴求爱情却无所归依的巨大心灵落差。作者将她苦闷挣扎的心灵外化为强力的破坏,如雷雨一般带给周鲁两家毁灭的命运,以此宣泄病态的心灵。

此外，剧作还通过渲染侍萍和四凤母女两代人命运惊人的相似性，以及周萍为了摆脱与继母的不伦之恋而移情四凤，却陷入更为崩溃的兄妹乱伦等等一系列带有神秘色彩的情节，在无法预知且不可抗拒的宿命论的格调中，创造出让人撕心裂肺的悲剧感。

五、艺术特色

（一）"郁热"的戏剧氛围

剧作渲染了雷雨爆发前天气的"郁热"之感，并以此烘托剧中人物的心理状态。闷燥压抑的自然环境隐喻着周家令人窒息的家庭氛围。在始作俑者周朴园制造的绝闷空气中，通过繁漪、周萍等人物内心急剧膨胀的高压心理状态营造出戏剧的紧迫感，显示出戏剧内涌的情绪张力，为人物雷雨般的情绪爆发积蓄能量。

（二）丰富多彩的戏剧语言

剧作在叙述语言的设计上有着如诗如画的美感，常以高度的象征和形象的比喻创设画面感、渲染人物情绪，在叙述的功能外兼备审美性。剧作在人物语言的设计上着重凸显人物个性，有着凝练传神的特点。另外，独具匠心的潜台词设计，也突出了人物心理的复杂性，表现了人物情感的内隐性。

（三）复杂的人际关系冲突网

剧作中的8个人以4人为单位构成两个家庭，以周朴园和侍萍曾经的主仆、实质夫妻关系为起点，串联起两个家庭之间复杂的人际关系冲突网，体现了作者精密的戏剧构思。作者将父子冲突、劳资冲突、乱伦畸恋等一系列或隐或现的人际关系以合理的姿态纳入剧情，在交错的冲突中共同演绎跌宕起伏的情节。

（四）灵活运用"三一律"

剧作采取了"三一律"的戏剧结构，但却不拘囿于具体的形式，体现出灵活运用的特点。话剧将时间浓缩在一天之内，从中午到午夜，在紧凑的时间节奏中进行。场景集中在周公馆和鲁家两个地点，在环境的对比中凸显两个家庭截然不同的社会阶层，这种对立的场景选择比单一的场景更具真实性和感染力，体现了作者的良苦用心。话剧以周、鲁两家几十年的爱恨情仇为主要矛盾，将8人之间交错的矛盾冲突织成一张网，在高度概括的典型矛盾中批判时代，探寻人们精神苦闷的症结所在，显示出作者深厚的艺术功力。

第三节 《原野》导读

《原野》是曹禺话剧创作中一次新的尝试。他摈弃了熟悉的城市题材和耳濡目染的上流社会家族生活史，转而将创作的焦点设置在一个饱受压迫的农民身上。剧作不以反对封建统治为口号做形式主义的呐喊，而是从审视人性的角度去探讨仇虎"复仇"的动机和文化心理，从而达到更为深广的对人类"精神困境"这一生命本源的思考。

一、创作背景

曹禺虽然出身于上层社会，但是却对原生家庭腐朽的生活深感厌恶。相反，无论是在他热爱的戏剧舞台上还是在现实中，他都对受上层社会压迫的底层民众报以莫大的同情。当他开始构思剧作之时，满目疮痍的中华大地上没有一片宁静的乐土。紧张的政治局势，黑白颠倒的社会现实，灾难深重的中国让他痛心不已。于是，他决定写自古以来就饱经苦难的人物——中国农民！虽然他缺乏农村生活经验,但是身边并不缺乏这种集苦难于一身的农民样本。通过对时代中农民苦难命运的体察,曹禺对灾难下他们内在精神世界的波动产生了浓厚的兴趣……在此基础之上,曹禺凭借超凡的艺术想象力和天才般的悟性,于1936年着手创作《原野》。1937年此剧作连载于《文丛》,成为曹禺话剧创作中的又一力作。

二、情节梗概

《原野》共分三幕,主要展现了农民仇虎复仇的前因后果。焦阎王贪图仇家田地,设计将仇虎的父亲活埋,把仇虎关进监牢,将他的妹妹卖给妓院,抢了他的未婚妻给自家当儿媳。十年后,背负着家族两代人仇恨的仇虎归来,却发现他的仇人焦阎王已死。在经过了一番思量后,他按照"父债子偿"的封建家族文化的逻辑,杀害了无辜的焦大星,引诱焦母误杀自己的亲孙子。从此焦家断子绝孙,焦母沉浸在无尽的悔恨中。仇虎终于大仇得报,但他却没有一丁点儿复仇的快感,反而整日饱受良心的谴责甚至产生了幻觉,最后他选择以自杀来获得心灵的安宁。

三、人物分析

（一）仇虎

仇虎是一个硬朗的农民形象。他相貌丑陋,身材魁梧,性格耿直爽快,行事光明磊落,富有担当精神。没有仇恨之时,他的身上充满了原始的生命力量。面对仇恨和压迫,他表现出强烈的反抗精神。但是,在封建宗法制的束缚中,他选择杀害无辜。此后,他的内心一直在善良正义的一面与残暴仇恨的一面中挣扎摇摆,最后精神崩溃,在扭曲的人格中走向毁灭的结局。

他痛恨封建专制思想,试图打破这命运的枷锁。怎料反抗得越激烈,他受封建思想摆布的事实就暴露得越明显。他的复仇是封建宗法制思想的外化,在这一文化糟粕的禁锢下,他犯下了泯灭人性的罪行。他的身上集中体现着封建文化对人性的扭曲,以及由此带来的巨大身心伤害。

他无力摆脱自身命运的残酷现实,反衬出封建文化痼疾的强大附着力和隐蔽性。作为一个农民,仅靠自身的挣扎和个人反抗就想摆脱强大的封建文化痼疾的侵害是不现实的。

(二)焦花氏

焦花氏是一个本性善良的女性形象。剧作通过她被迫嫁到焦家的行为描写,表现了畸形的封建家族制度对美好人性的摧残。在婆婆焦母的精神强压之下,她的性格开始扭曲,她控制丈夫与焦母争斗,尽显对强权专制的封建家庭权威的反抗。

她渴望自由,大胆追求自己的幸福。面对压迫受辱的命运,她展现出反抗的勇气,期待与仇虎去那"黄金子铺的地方"。在盲目的爱情中她成了杀害无辜的帮凶,在仇虎死后她的理想破灭,最终只能独自逃亡。

(三)焦母

焦母是一个失明、丧夫、强势的女性形象。她是封建家族文化的施虐者和牺牲品。一方面,对待自己的儿子儿媳,她要掌握母亲和婆婆的绝对家庭权威,扮演施虐者的形象。另一方面,她的生命也只剩下了家庭专制的空壳,在这一文化的禁锢下,她已丧失爱的能力与被爱的资格,只能在无尽的孤独和空虚中变得面目可憎,沦为封建文化的牺牲品。

(四)焦大星

焦大星是家庭宗法制度的受害者。他在焦家封建家长制的权威中长大,性格懦弱、隐忍,缺乏独立的人格。婚后他也只能在母亲和媳妇的双向夹击中忍气吞声,毫无男性的阳刚气息。

这是一个封建强权家庭里养出来的典型"懦夫",胆小怕事,精神萎靡,等待他的也只能是如待宰羔羊一样的命运。

四、作品主旨

剧作以仇虎这一形象探索了受压迫的农民内心的精神状态。从表面上看,这是一个农民向强权阶级的复仇,展现了他无畏的反抗精神和觉醒意识。然而经过深入考察,这是一部通过复仇行为反映农民文化心理和审视人性的作品。每一个复仇决定的背后,都有着特定的文化依据,体现出仇虎的文化心理。

从总体上来看,他的复仇受到了封建宗法制文化的牵制。他想要毁掉焦家这个充满封建罪恶的家庭,以此将自己从仇恨中解脱出来。但是,他复仇背后的文化心理却与这个封建家庭的文化根基如出一辙。最终只能掉到不论善恶是非,只管阶层身份的封建宗法制文化的陷阱中去,滥杀无辜,饱受人性拷问,活在精神的地狱中无法解脱。

"原野"是仇虎诞生的地方,也是他生命的本源和动力所在。这一意象象征着人类无拘无束的精神家园。然而,当他在文化的悖论中掉入陷阱,酿成悲剧之时,"原野"就幻化成为他无法走出的精神困境,越是挣扎越是不得自由。

五、艺术特色

(一) 强烈的戏剧冲突

剧作在人物性格的强弱对比中碰撞出强烈的戏剧冲突。仇虎的刚强与焦大星的软弱形成鲜明对比,这使得仇虎的复仇胜之不武!强弱的性格对比使他反复审视自己的行为,在步步紧逼的心理节奏中,复仇是否合理这一剧作最强烈的戏剧冲突呼之欲出。

（二）象征主义的表现手法

剧作受奥尼尔《琼斯皇》的影响，采用象征主义的表现手法塑造人物和环境，营造神秘的戏剧氛围。仇虎频繁出现的幻觉是他心灵的象征。这是他内心理性、善良的人性逐渐复苏的过程，同时也是他逐渐清醒、濒临崩溃的征兆。环境中突出"黑"这一着色，象征着全剧压抑的气氛和人物沉重的心灵，同时也是黯淡无光的社会现实和主人公人生底色的真实写照。

（三）浓郁的诗化倾向

剧作在环境描写和人物语言方面，都呈现出浓郁的诗化倾向。环境中独特的意象展示，与诗的本质相通，在内隐的情绪中到达心灵，创造出回味无穷的诗意。生命最初的激情和自由的姿态都蕴含在"森林"中，这是现实世界中难以寻求的存在，也是诗人们和剧作家不断追寻的理想之境。"老屋"这一诗化的意象像一座牢笼禁锢着人们自由的心灵，突兀地站立在旷野之上，反噬着每一个想逃出它的人们，并将他们操控为病态封建文化下的提线木偶，越是挣扎越深陷其中。"金子铺的地方"是仇虎逃出古老文明走向未知世界的一个出口。它象征着时间的铁轨前进的方向，却不是通向人类心灵自由的路口。作者在诗化的意境中抒发心灵的苦闷，闪烁着生命的哲思。

此外，人物语言饱满的情绪和铿锵顿挫的节奏，创造出诗歌般的音乐性和美感。适时的停顿使人物的心理在留白的诗意中获得了品读的空间，适度的重复强化了人物的情感，仿若一曲回旋的抒情诗般悠扬婉转。

【思考与讨论】

一、《雷雨》有着复杂的人际关系冲突网，请选取一个人物，尝试分析剧中与他（她）有关的人物冲突，探究其背后的深意。

二、请结合《原野》中具体的意象，谈谈剧作诗化的倾向。

三、曹禺的剧作表现出对人类精神世界的密切关注。请结合具体作品谈谈他笔下人物的精神困境，体会作家深刻的自省与批判精神。

第九章 解放区作家作品导读

第一节 新的文艺方向的确立

1942年毛泽东的《在延安文艺座谈会上的讲话》(以下简称《讲话》)丰富和发展了马克思主义文艺理论,是延安整风运动的产物,是指导、规范解放区文艺工作者文艺实践的理论纲领。它的发表,决定了解放区的文艺风貌,确立了继五四新文化运动后中国20世纪后半期新的文艺方向,对中国现代文学发展道路产生了重大而深远的影响。

一、《讲话》的发表

1942年5月,延安文艺座谈会召开,毛泽东先后于5月2日和5月23日在会上作了重要讲话。1943年10月19日,整理成文的《讲话》在延安《解放日报》正式发表,于1953年编入《毛泽东选集》第三卷。

《讲话》深入探讨了根据地文艺运动中的诸多问题,对中国革命文艺要重点解决的理论问题进行系统的论述,"《讲话》发表后,无论在解放区时期还是中华人民共和国成立之后,一直是中央制定文艺政策指导文艺运动的根本方针,具有无可怀疑的权威性"①。

二、《讲话》的历史语境

解放区文学运动的走向以 1942 年的延安整风运动和毛泽东发表的《讲话》为界点,发生了重大转折,此后至新中国成立前的文艺工作有力地配合了革命事业,文艺的工农兵方向逐渐得以确立。而《讲话》着重对文艺工作和革命工作进行论述,是具有特定历史背景和历史语境的。

1940 年初中国抗日战争进入相持阶段,陕甘宁地区局势虽然相对稳定,但是随着日军对敌后抗日根据地加紧"扫荡"和国民政府的经济封锁,延安的抗战也进入了最为困难的时期。这一时期延安党内深受主观主义的影响,迫切需要及时解决思想路线与思想作风的问题,以应对日趋艰难严峻的抗战形势,为此,1941 年开始,党内逐渐展开了延安整风运动。

在这样的历史语境中,从各地来到延安的文艺工作者更倾向于表现高雅的情趣,追求"人性",对文学艺术性的追求远远超越了对民族化和大众化的认同,创作的文艺作品无法真正表现工农兵的革命人生,与作为受众的解放区民众对文学的期待存在一定距离,也无法给予他们坚持革命的精神力量。而此时来自国统区的文艺作家,已经习惯了采用讽刺和暴露的手法进行创作,抨击时政,在解放区延安也依旧对现实持批判态度,如丁玲的《三八节有感》、王实味的《野百合花》等。因此,此时多数的文艺创作与作为一个代表着人民大众利益的政党对革命文艺的现实要求之间存在着差距。在党内整风运动的基础上,为及时整顿文艺界的文风,1942 年 5 月在延安文艺界进行了为期 21 天的文艺座谈会,由毛泽东亲自主持,发表《讲话》,就文艺工作和一般革命工作的关系、革命文艺的正确发展等问题展开了深入

---

① 钱理群、温儒敏、吴福辉:《中国现代文学三十年(修订本)》,北京:北京大学出版社,2018,第 393 页。

的讨论和系统的论述。

三、《讲话》的主要内容

毛泽东的《讲话》"既是党所领导的革命文艺运动的历史经验的总结,同时也是规划革命文艺发展方向,构建无产阶级革命文化与文学形态的纲领性文件"[①]。《讲话》包括 5 月 2 日所作引言和 5 月 23 日所作结论两部分。

《讲话》引言中强调指出座谈会的主要目的是"研究文艺工作和一般革命工作的关系,求得革命文艺的正确发展",探索如何让革命文艺工作者与解放区人民大众更好地结合起来,为了达到这个目的,首先要解决的是文艺工作者的立场问题、态度问题、工作对象问题、工作问题和学习问题。立场问题方面:文艺工作者要站在无产阶级和人民大众的立场。态度问题方面:面对敌人、统一战线中的同盟者、人民群众及其先锋队三种不同群体,要采取不同的态度,其中"对人民群众,对人民的劳动和斗争,对人民的军队,人民的政党,我们当然应该赞扬",最终使他们团结、进步、同心同德、向前奋斗。工作对象问题方面:"就是文艺作品给谁看的问题",应是工农兵及其干部。工作问题方面:文艺工作者要深入了解、熟悉工农兵,转变观念,认真学习并充分运用"人民群众的丰富的生动的语言"。学习问题方面:就是"学习马克思列宁主义和学习社会",进而丰富文艺的内容和指引文艺正确的方向。

《讲话》结论部分在阐明中国当时客观现实的基础上,提出了一个核心问题,即文艺为群众及如何为群众,并紧紧围绕这一问题从五个方面展开讨论。

第一,文艺"为什么人"的问题。

毛泽东指出:"为什么人的问题,是一个根本的问题,原则的

[①] 朱栋霖、朱晓进、吴义勤主编《中国现代文学史(1915—2018)》上册,北京:高等教育出版社,2020,第 219 页。

问题。"在批评了封建主义文艺观和资产阶级文艺观的基础上，以马克思主义文艺观为指南，联系中国社会及解放区文艺界的实际情况，指出文艺是为人民大众的，首先是为工农兵的，为工农兵而创作，为工农兵所利用的。

第二，提出并解决了如何为工农兵服务的问题。

《讲话》指出："为什么人服务的问题解决了，接着的问题就是如何去服务。"就此，在为工农兵服务的普及与提高的问题指出，"在教育工农兵的任务之前，就先有一个学习工农兵的任务"，提高要"沿着工农兵自己前进的方向去提高，沿着无产阶级前进的方向去提高"。文艺工作者"只有从工农兵出发，我们对于普及和提高才能有正确的了解，也才能找到普及和提高的正确关系"。

第三，探讨了文艺与生活的关系问题。

毛泽东认为，人民生活是"存在着文学艺术原料的矿藏，这是自然形态的东西，是粗糙的东西，但也是最生动、最丰富、最基本的东西"，是"一切文学艺术的取之不尽、用之不竭的唯一的源泉。这是唯一的源泉，因为只能有这样的源泉，此外不能有第二个源泉"。因此，要求中国的文艺工作者"必须到群众中去，必须长期地无条件地全心全意地到工农兵群众中去，到火热的斗争中去，到唯一的最广大最丰富的源泉中去"，将人民生活中的文学艺术的原料，经过革命作家创造性的劳动，形成了观念形态上的为人民大众的文学艺术。只有这样才能创造出群众所喜闻乐见的作品。

第四，探讨了文艺与政治的关系问题。

毛泽东认为在一切阶级社会中，文学艺术都是属于一定的阶级，强调文艺从属于政治、为政治服务。由此他明确提出无产阶级文学艺术是无产阶级整个革命事业的一部分，应当为无产阶级革命事业服务。在文艺批评上有两个标准，一个是政治标准，第二个是艺术标准。同时，要求政治性与艺术性的统一，政治形式和艺术形式要尽可能完美地统一起来。

第五,探讨了文艺与传统的关系。

毛泽东指出,我们必须继承一切优秀的文学艺术遗产,批判地吸收其中一切有益的东西,决不可拒绝继承与借鉴古人和外国人,进而提出了"古为今用""洋为中用"的理论原则。

四、《讲话》的意义

《讲话》在特定历史环境中有效地解决了解放区文艺工作的诸多问题,"为解放区的文学艺术做出明确的理论化政策化的规范,为后来的文艺发展指明了方向;文艺为抗战服务、为无产阶级服务并具体化为农民兵服务,创作为广大人民群众所喜闻乐见的形式成为文艺工作者的共识"①。

在《讲话》的原则指导下,文艺从属于政治、为政治服务成为解放区文学的方针,文艺工作者在创作中自觉地实践工农兵这一新的文艺方向,创作了一批优秀的作品。在小说领域,作家秉承着革命现实主义的创作方法,以工农兵为歌颂对象、以农村生产生活为题材的中短篇小说大量涌现,取得了突出的成就,有赵树理的《小二黑结婚》、孙犁的《荷花淀》、丁玲的《太阳照在桑干河上》、周立波的《暴风骤雨》等。在诗歌领域,诗人充分吸收民间语言和传统文艺形式,创作了歌唱农民走向新生活的诗歌,有李季"信天游"形式的《王贵与李香香》、阮章竞的《漳河水》等。另外,新歌剧《白毛女》也丰富了这一时期的革命文艺的创作实践。

---

① 徐清泉、文学武:《战火洗礼(1937—1949)》,郑州:河南人民出版社,2018,第14页。

第二节 李季诗歌导读

一、李季与他的诗歌创作概况

李季(1922—1980),原名李振鹏,笔名里计、于一帆等,现代著名诗人、文学家。1938年李季远赴延安,进入抗日军政大学学习,加入中国共产党,并一直投身于革命工作。1942年至1947年,他回到陕北,先后从事教师、县政府秘书、编辑等工作,战斗之余深入农村群众,搜集到许多革命历史故事,为写作积累了大量素材,并对陕北群众的思想、性格、语言进行了深入了解,也为以后的创作奠定了深厚而坚实的基础。

1942年5月毛泽东的《在延安文艺座谈会上的讲话》给予李季极大的触动和鼓舞,1943年冬他回到陕北后,工作之余走进群众,熟悉陕北的语言,摸索陕北人民喜闻乐见的文艺形式。他特别关注直接反映劳动人民生活的陕北民歌,尤其是最能代表陕北民歌特色的信天游,搜集整理了三千余首陕北"信天游"民歌并进行了深入的研究,并尝试借鉴陕北民歌的语言、形式等艺术特色来进行诗歌创作。1945年底,他创作的长篇叙事诗《王贵与李香香》在《解放日报》发表,这一首具有浓郁陕北地方特色的长诗,真正实践了《在延安文艺座谈会上的讲话》中提出的文艺为工农兵服务的方向,是中国新诗发展的新阶段的代表作,在中国现代文学史上占有重要的地位,茅盾称它"是一个卓绝的创造,说它是民族形式的史诗也不过分"[①]。

新中国成立后,李季继续进行诗歌创作,创作了长篇叙事诗《菊花石》《生活之歌》《杨高传》《向昆仑》《剑歌》《石油诗》《石油

[①] 肖云儒:《李季(1922—1980)》,载《中国当代文坛百人》,西安:陕西人民教育出版社,1998,第231页。

大哥》《红卷》等,诗集有《短诗十七首》《玉门诗抄》《玉门诗抄二集》《致以石油工人的敬礼》《难忘的春天》《海誓》等,此外还有与闻捷的合集《第一声春雷》《我们遍插红旗》,儿童诗《三边一少年》、儿童故事诗《奈良川的大石桥》等。

二、李季诗歌的艺术特色

第一,诗歌题材内容始终取材于人民群众,贴近现实生活。

李季一直坚持如实地反映劳动人民的生产生活,诗歌"写革命、写建设,写农民、写工人,写三遍的民俗传统、写下采油树下的新风情,并且从历史发展的高度,将它们之间内在的历史逻辑,用活跃的生活形态揭示出来"[①]。

李季诗歌通过塑造一系列如王贵、李香香、杨高、石占海、万庆红等血肉丰满、生动感人的艺术形象,展现了人民在中国共产党的领导下争取民族自由和解放中波澜壮阔的斗争生活,讴歌了人民在革命和建设中勇于同敌人和困难作斗争的英雄事迹。

李季说:"就总的方向上说,我一直在探索着怎样使诗为广大工农兵群众所易于接受,乐于接受,以便更好地为他们服务。"[②]他的诗歌始终以"抒人民之情""叙人民之事"为原则进行创作,真切地反映着人民群众在不同历史时期的风貌,闪耀着革命现实主义的光辉。

第二,诗歌形式善于借鉴民歌,长于叙事。

李季在诗歌创作中自觉探索民歌体、以民歌为基础的新诗等能够体现文艺民族性的诗歌形式,借鉴陕北"信天游"民歌创作的《王贵与李香香》是一个伟大的实践,成功地实现了以新诗民族形式来表现革命时期新生活、塑造新人物,是新诗形式发展的新纪元。

[①] 肖云儒:《李季(1922—1980)》,载《中国当代文坛百人》,西安:陕西人民教育出版社,1998,第234页。
[②] 张器友、王宗法编:《十年来的探索和尝试》,载《李季研究专集》,福州:海峡文艺出版社,1986,第129页。

新中国成立后,李季认为:新的生活内容,要求给它一个与之相适应的形式。为适应新形势、新生活,他开始致力于突破民歌在形式上的局限,"根据新生活内容的要求和我过五四以来新诗创作的丰富经验(其中包括外国诗歌的经验),创造出一种既为群众喜闻乐见,又能准确地反映新生活内容的新形式"①。在此基础上,李季探索以民歌为基调,广泛采用传统诗词和新诗的表现手法进行诗歌创作,这一时期的叙事长诗《菊花石》融合了湖南民歌"盘歌"、五句体民歌和歌行体诗歌,对诗歌形式的探索是值得肯定的。稍后的长篇叙事诗《杨高传》(包括《五月端阳》《当红军哥哥回来了》《玉门儿女出征记》)则成功地创造了长于抒情的民歌与善于叙事的鼓词体相结合的新形式,讲述了一段故事曲折、情节复杂的波澜壮阔又充满激情的英雄史诗。

可以说,《王贵与李香香》《菊花石》《杨高传》是李季极具代表性的叙事长诗,也是他探索不同历史时期诗歌形式的成功实践。

第三,诗歌语言平易质朴、形象鲜明。

李季善于向人民群众学习,尤其在语言方面,少用艰涩难懂、辞藻华丽之语,多采用群众喜闻乐见的新鲜活泼的语言。诗歌语言质朴、易懂,形象鲜明,情感强烈,如:

公元一九三〇年,
有一件伤心事出在三边。
人人都说三边有三宝,
穷人多来富人少;
一眼望不尽的老黄沙,
那块地不属财主家?

诗歌在《崔二爷收租》章节的开头用平易的语言描绘了1930年三边群众生活的真实境况,选取了"老黄沙"这一极具代表性的意象,用"一眼望不尽"形象生动地勾勒出了陕北地区的乡土

---

① 李季:《热爱生活,大胆创造》,《文艺学习》1956年第2期。

气息。而在"伤心事"、穷与富的强烈对比中,一个压榨百姓的地主形象也呼之欲出。

三、长篇叙事诗《王贵与李香香》

李季的《王贵与李香香》"是他参加实际群众斗争生活的珍贵收获,用陕北民歌'信天游'的形式,写出三边民间革命和爱情的历史故事。从第一行起,到最后一行,洋溢着丰富的群众的感情,生动而有地方色彩,作者给我们刻绘一幅边区土地革命时代的农民们斗争图画"①。

(一) 诗歌的主要内容

《王贵与李香香》以王贵和李香香曲折的爱情故事为主要线索,描写了我国第二次国内革命战争时期,陕北三边地方的农民在中国共产党的领导和组织下轰轰烈烈的革命运动,歌颂了人民革命的胜利。

诗歌分为三章:

第一章包括崔二爷收租、王贵揽工、李香香、掏苦菜、两块洋钱五部分,主要写了在陕北三边地区,群众生活贫困艰难,常常是饥寒交迫,而恶霸地主崔二爷冷酷无情地催逼佃户交租,甚至打死短租的王麻子,然后拉走王麻子十三岁的儿子王贵做长工,造成家破人亡,这也是全诗的第一个高潮,将阶级矛盾激化;王贵常年忍饥挨饿,经常"脚手冻烂血直淌",四年来备受欺凌;苦命的王贵受穷老汉李德瑞照顾,感受到关怀,与其女儿李香香产生爱情;崔二爷用两块大洋利诱香香,谁知香香却恨他欺凌佃户和王贵的恶霸行径,直接斥责,崔二爷便迁怒于王贵。

第二章包括闹革命、太阳会从西边出来吗、红旗插到死羊湾、自由结婚四部分,主要写了共产党来到陕北三边进行土地革

---

① 谢冕总主编、吴晓东本卷主编《〈王贵与李香香〉》,载《中国新诗总论 2 1938—1949》,银川:宁夏人民教育出版社,2019,第 483 页。

命,王贵暗中参加赤卫军;崔二爷得知王贵参加闹革命后,残忍吊打王贵,这是全诗的第二个高潮,塑造了坚忍不屈的农民革命者形象;李香香为救王贵,连夜找到游击队,死羊湾解放,王贵得救,崔二爷逃走;王贵与李香香结婚。

第三章包括崔二爷又回来了、羊肚子毛巾、团圆三部分,主要写了结婚三天的王贵随游击队转移,崔二爷跟着白军一起回到死羊湾,作威作福,并强迫李香香与其成亲,这是全诗的第三个高潮,矛盾冲突升级;成亲之日,游击队再次打回死羊湾,击溃毫无防备的白军,活捉崔二爷,王贵与李香香团圆。

(二) 诗歌的艺术特色

《王贵与李香香》将背景设置在土地革命时期陕北三边农民参与革命运动的宏阔背景下,采用陕北信天游的形式,借鉴比兴手法,塑造了在斗争中成长起来的以王贵与李香香为代表的青年农民形象,表达了"不是闹革命穷人翻不了身,不是闹革命咱俩也结不了婚"这一革命与劳动人民解放、劳动人民幸福生活紧密相连的时代主题。

第一,采用陕北信天游的形式,语言朴素自然,朗朗上口。

李季在《我是怎样学习民歌的》中指出:"对民歌的学习,要整套的学,要从民歌产生的年代和社会环境、当时人们的思想感情,要从当地的风俗习惯,语言特点,甚至当地的历史故事等,都要加以全盘的研究。"[①]李季在深入研究陕北民歌的基础上,采用信天游的形式创作了《王贵与李香香》。全诗与信天游的形式一样,每小节两句,单独押韵,每节字数基本为七个字,略有增减,共有七百余行,语言以陕北民众容易理解的口语为主,朴素自然,节奏轻快,朗朗上口。

第二,运用比兴手法,将叙事与抒情有机融合。

陕北信天游广泛运用比兴手法,往往是第一句起兴比喻,紧

---

① 李季:《我是怎样学习民歌的》,张器友、王宗法编《李季研究专集》,福州:海峡文艺出版社,1986,第107页。

接着叙事,形式朴素而格调单纯,李季在《王贵与李香香》中继承并突破了这一传统形式,大量运用了比兴,将叙事与抒情有机融合。全诗将比和兴相结合,兴中有比,比中起兴。如"冬雪大来年冬麦好,王贵就像麦苗苗。"第一句以冬雪中的冬麦起兴,引出下一句的抒情,把王贵比作麦苗,起兴事物与比喻一致。在"山丹丹开花红姣姣,香香人材长得好"中,因比起兴,让读者对香香姣好的形象充满联想,同时又营造了一种美好的氛围,为赞美香香做铺垫。

第三,叙事结构清晰,人物形象鲜明生动。

《王贵与李香香》作为长篇叙事诗,故事完整,情节生动曲折,人物形象刻画深入人心。全诗层次清晰,始终将王贵与李香香的爱情线索穿插其中,以恶霸地主崔二爷欺压佃户的悲剧开始,王贵与李香香团圆的喜剧结尾,矛盾冲突不断,高潮迭起,将主人公爱情的悲欢离合与革命的发展巧妙相连,展现了三边人民翻身闹革命的壮丽史迹。

诗歌以叙事诗的形式成功地塑造了王贵、李香香等鲜明的人物形象。王贵在经历了父亲被崔二爷毒打致死的悲剧现实后,又被迫做长工,与香香的爱情因崔二爷的破坏而曲折,他心中充满反抗情绪,当共产党来到三边之时便毫不犹豫地加入赤卫军。当王贵遭到崔二爷吊打时,怀着革命必胜的信念,决不屈服,意志坚定,高呼"我一个死了不要紧,千万个穷汉后面跟!"。在结婚后,他继续随游击队闹革命,"吹起哨子背起枪,王贵没顾上去看香香"。诗歌通过王贵这一形象,突出了阶级的反抗性和革命者的坚定性,展示了土地革命时期农民青年成长为革命战士的历程。

李香香和王贵一样都是穷苦人家的孩子,自幼丧母,与父亲相依为命。她美丽善良、勤劳勇敢、爱憎分明,对爱情忠贞,信任和向往革命队伍。李香香生活困苦——"脱毛雀雀过冬天,没有吃来没有穿",却有着劳动人民的优秀品质,与父亲、王贵相依为命。美丽的李香香自幼爱憎分明,具有鲜明的阶级意识:"香香的性子本来躁,自幼就把有钱人恨透了。""生来就爱庄稼汉,实心实意赛过银钱。"在王贵被崔二爷吊打、自己被崔二爷逼婚之时,李香香勇敢反抗,把自己的爱情与革命事业紧密联系在一起。诗歌通过李香香这一形象,集中体现了解放区妇女的优秀品质,展现了她们对爱情的美好愿望以及在革命过程中思想觉悟的不断提高。

李季在新诗创作的道路上,始终坚守人民群众这一文学艺术取之不尽、用之不竭的源泉,从陕北人民到玉门油矿工人,他长期无条件地全心全意地了解民众,不断探索民众喜闻乐见的民族形式,为中国诗歌的发展做出了很大贡献,被公认为解放区和新中国成立以来的优秀诗人之一。

第三节 赵树理小说导读

赵树理作为一个生长在抗日根据地和解放区的地道农民作家,小说创作一方面紧跟时代步伐,选取的题材、刻画的人物都注重表现时代主题,另一方面充分发掘和利用民间文学资源,在形式、语言上独具特色,开创的新评书体小说成为现代文学的一种独特的文学样式。

一、"文摊文学家"赵树理与小说创作概况

赵树理(1906—1970),山西省晋城沁水县人,他出生于一个贫苦农民家庭,从小便体验了农民生活的艰苦,父亲是八音会的成员,这使赵树理从小有机会接触到独具山西地域特色的民间艺术形式,如民谣、民歌、鼓词、评书等,学会了吹拉弹唱,浓厚的民间艺术熏陶为他后来小说形式的创新奠定了基础。1929年至1936年间,赵树理当过教师,以写文为生。1937年,他加入中国共产党,积极参加抗日斗争之余,以自己熟悉的民间艺术形式从

事文艺创作，努力创作出能够反映现实问题的作品。1949年新中国成立后，赵树理继续推动大众文艺创作，创办了通俗文艺刊物《说说唱唱》，深入农村工作，创作了《三里湾》等诸多反映新时期农村问题的小说。

赵树理始终以创作民众喜闻乐见的作品为艺术立场，决心做文摊文学家，他曾表明态度："我不想上文坛，不想作文坛文学家。我只想上'文摊'，写些小本子夹在卖小唱本的摊子里去赶庙会，三两个铜板可以买一本，这样一步一步地去夺取那些封建小唱本的阵地。做这样一个文摊文学家，就是我的志愿。"①在这一艺术观的影响下，他创作了《金字》《盘龙峪》等小说。

1941年开始，赵树理通过《通俗化"引论"》《通俗化与"拖住"》等系统地阐释通俗化创作的主张，提倡文艺的通俗化、大众化，同时在创作上坚持用群众的语言写群众看得懂的故事，用通俗化的创作诠释这一时期文学"启蒙"与"救亡"的双重时代使命，成为了在当地远近闻名的通俗文学作家。从1943年开始，他相继创作了《小二黑结婚》（1943年）、《李有才板话》（1943年）、《地板》（1944年）、《李家庄的变迁》（1945年）、《催粮差》（1946年）、《福贵》（1946年）、《小经理》（1947年）、《邪不压正》（1948年）等小说，作品鲜明的政治倾向、浓郁的生活气息和质朴的语言，深受解放区广大民众的欢迎。周扬称赞他是"一位具有新颖独创的大众风格的人民艺术家"②。

新中国成立后，赵树理创作了反映现实农村生活和农村中间人物的作品，主要有短篇小说《登记》《求雨》《锻炼锻炼》《套不住的手》《老定额》《杨老太爷》《张来兴》《互作鉴定》《卖烟叶》等，长篇评书《灵泉洞》，长篇小说《三里湾》。其中，《三里湾》是他这一时期创作的唯一一部长篇小说，也是我国第一部反映农业合作化运动的长篇小说。小说以王宝全、马多寿、范登高、袁天成四家的矛盾与纠葛为主线，围绕秋收、扩社、整党、开渠四项工作

---

① 李普：《赵树理印象记》，转自黄修己编《赵树理研究资料》，南京：江苏人民出版社，1981，第43页。
② 周扬：《论赵树理的创作》，《解放日报》1946年8月26日。

展开,表现了合作社时期三里湾农村的社会生活风貌。

二、"赵树理方向"的提出

1942的延安文艺整风运动和1943年毛泽东《在延安文艺座谈会上的讲话》(以下简称《讲话》)中确立了文艺为工农兵服务的方向,强调文艺从属于政治,要求文艺工作者要自觉地为无产阶级政治服务。《讲话》的精神传达到太行山区后,赵树理欣喜万分地说:"我那时虽然还没有见过毛主席,可是我觉得毛主席是那么了解我,说出了我心里想要说的话。"① 于是,在特定的以政治为中心的历史环境中,赵树理深受文艺以工农兵方向的影响,在1943年至1945年的三年间先后创作了《小二黑结婚》《李有才板话》《李家庄的变迁》三部反映农村现实的小说,自此成为轰动国内的知名作家。

1946年8月26日,周扬在《解放日报》发表《论赵树理的创作》,认为"他对群众的生活是熟悉的",能够用艺术作品的形式反映农村伟大的变革,"因此他的成功并不是偶然的。这正是他实践了毛泽东同志所提出的文艺方向的结果",并高度评价赵树理的这三篇小说,看作是延安文艺座谈会的胜利成果,认为他的作品"是文学创作上的一个重要收获,是毛泽东文艺思想在创作实践上的一个胜利"。② 1947年7月,晋冀鲁豫边区文联举行文艺座谈会,赵树理的作品因创造了为广大人民群众所欢迎的民族新形式而被标举为"赵树理方向"。同年8月,陈荒煤根据座谈会的发言整理成的《向赵树理方向迈进》一文在《人民日报》发表,指出赵树理的作品"可以作为衡量边区创作的一个标尺,因为他的作品最为广大群众所喜欢","应该把赵树理同志方向提出来,作为我们的旗帜",而"赵树理方向"是"为了更好的反映现

---

① 董大中:《赵树理年谱》,太原:北岳文艺出版社,1994,第234页。
② 周扬:《论赵树理的创作》,《解放日报》1946年8月26日。

实斗争,我们就必须更好地学习赵树理同志!"①

正是因为赵树理的创作顺应了大众化的文艺方向,真正融入到农民的现实生活中,创作出"老百姓喜欢看,政治上起作用"的作品。因此,"赵树理方向"的提出迅速为解放区作家提供了一条如何实践文艺为工农兵服务的创作方向,对解放区文学乃至五六十年代的文学都产生了巨大的影响。

三、赵树理小说的成就

赵树理自觉地以革命工作者的立场去窥探、解决农村革命中的实际问题,确立了"问题小说"的创作追求,将我国传统小说和民间艺术相融合而写出了一种新评书体的小说样式。同时,赵树理的小说不仅塑造了一系列在历史变革中的农民形象,更以民间化的幽默艺术和浓郁的晋东南地域民俗色彩创作出了群众喜闻乐见的小说民族形式,在小说的民族化、艺术化上表现出独特的风格。

(一) 确立了"问题小说"的创作追求

赵树理在《当前创作的几个问题》中指出:"我的作品,我自己常常叫它是'问题小说'。为什么叫这个名字,就是因为我写的小说,都是我下乡工作时在工作中所碰到的问题,感到那个问题不解决会妨碍我们工作的进展,应该把它提出来。"②1943年的《李有才板话》标志着赵树理"问题小说"意识的确立,小说围绕阎家山改选村政权和施行减租减息的政策,反映了抗战时期农村农民与地主之间复杂的阶级斗争,深入剖析了农村革命工作中存在的主观主义、官僚主义的现状。阎家山虽然已经是抗日根据地,但是封建势力顽固,负责领导工作的章工作员的主观

---

① 陈荒煤:《向赵树理方向迈进》,《人民日报》1947年8月10日。
② 赵树理:《当前创作的几个问题》,载董大中主编《赵树理全集4》,太原:北岳文艺出版社,2000,第424页。

主义、教条主义,使其脱离群众,不能落实党的阶级路线,反而依靠老奸巨猾的地主恶霸阎恒元,造成农民不能得到真正的解放。而从农民中成长起来的党员干部老杨工作作风务实,深入群众,迅速找到了政治觉悟高、斗争能力强的李有才和"小字辈"人物组织革命,用三天的时间就打倒了地主阎恒元,取得了农村革命的成功。正是赵树理意识到"那时我们的工作有些地方不深入,特别对于狡猾地主还发现不够,章工作员式的人多,老杨式的人少,应该提倡老杨式的作法"①,才创作了《李有才板话》。

赵树理始终以革命工作者的立场和身份进行问题小说的创作,"因此在他的问题小说中贯穿着一条明确的创造思路:从工作中发现和提出问题——分析矛盾——解决方法——指导工作"②。这种通过文学创作来指导现实的思路在《地板》《小经理》《传家宝》《富贵》《邪不压正》《李家庄的变迁》等小说中得以运用,如写《地板》是为了破除在农村习惯上认为"出租土地不纯也是剥削"的错误观念;写《传家宝》是为反映农村家庭关系尤其是婆媳关系问题;写《富贵》是为反映解放区改造二流子问题;写《邪不压正》是为反映土改干部队伍中为非作歹和侵犯农民切实利益的问题;写《李家庄的变迁》则是以李家庄从大革命失败到抗战胜利近二十年的时间里经历的风云变幻,反映农村革命斗争的复杂性与曲折性。可见,赵树理的小说立足于"问题"意识,执着于暴露农村问题,极具现实意义,但是同时也限制了他向美学高度的跃升。

(二)创出新评书体小说形式

赵树理认为:"评书是正经地道的小说。"③他在继承和借鉴评书这一群众喜闻乐见的民间文学形式的基础上,自觉创造出

---

① 赵树理:《当前创作的几个问题》,载董大中主编《赵树理全集4》,太原:北岳文艺出版社,2000,第424页。
② 王庆生、王又平主编《中国当代文学 上》,武汉:华中师范大学出版社,2011,第2版,第61页。
③ 王中青:《太行人民的儿子——忆赵树理同志》,《山西日报》1978年10月15日。

适应农民阅读习惯和欣赏兴趣的新评书体小说形式。赵树理的新评书体小说在结构、人物塑造、语言等多方面都独具民族化特点：

第一，结构上讲究故事的完整性和情节的连贯性。赵树理的小说总是以连贯的情节来讲述完整的故事，环环相扣，引人入胜。如短篇小说《小二黑结婚》主要讲述了抗战时期解放区的小二黑和小芹争取婚恋自由、冲破阻扰、最终结为夫妻的故事，完整的故事情节又通过神仙的忌讳、三仙姑许亲、三仙姑的来历、拿双、小芹、二诸葛的神课、金旺兄弟、恩典恩典、小二黑、看看仙姑、斗争会、怎么到底十二个小故事串联在一起，层层推进，曲折生动地反映了解放区的重大变化。

第二，人物塑造上注重通过人物的语言和行动展现人物性格，而很少用静止的景物描写和心理描写。如在塑造三仙姑、二诸葛、金贵婆婆等这类农村落后群众时，往往通过人物的语言和行为来表现，如二诸葛的迷信迂腐但又老实厚道的性格主要通过阻扰小二黑和小芹婚恋的原因"第一，小二黑是金命，小芹是火命，恐怕火克金；第二，小芹生在十月，是个犯月"以及从"不宜栽种"到"恩典恩典"的一串故事来体现；三仙姑假装迷信、泼且赖的特征则从坐在香案后唱的同时，忘不了关照女儿"米烂了"到精心梳装打扮、赶到区上去闹表现出来。

第三，语言上注重运用经过提炼的生活化、口语化语言，笔调诙谐幽默，短句居多，明朗轻快，以此"力图回到农民的生活形态中，用农民的思维方式去'驾驭'语言，用最普通、平常的语言表现丰富、复杂的农村生活"①。如在《李有才板话》开篇写道："阎家山有个李有才，外号叫'气不死'。"通过"气不死"这一农民所熟悉的给人物起夸张绰号的文字表达，生动活泼而又诙谐有趣地展现了一个乐观、机智的人物形象。

因此，赵树理始终秉承着"文摊文学家"的立场，置身农村农

---

① 钱理群、温儒敏、吴福辉：《中国现代文学三十年（修订本）》，北京：北京大学出版社，2018，第417页。

民的现实生活之中进行创作,用极具民族化的新评书体小说形式来反映历史进程中农民群众的斗争生活,形成了扎实恳切而又通俗易懂、为人民群众喜闻乐见的独特风格。

第四,塑造了典型的农民形象。

赵树理小说的重要成就之一,就在于他根植农村,塑造了地地道道的农民群像。他的小说中着力描写了三类农民形象:落后的老一代尚未觉醒的农民、农村新人、有缺点的干部和知识分子。

落后的老一代尚未觉醒的农民以二诸葛、三仙姑、金贵婆婆等为代表,他们封建、迂腐、排斥进步的思想,与新形势下农村大变革的时代不合时宜。农村的新人以小二黑、小芹、李有才、小顺、小福、金桂等为代表,他们能够清晰地认识农村革命的形势,思想进步,性格正直、顽强,敢于同剥削阶级作斗争。另外,农村中有缺点的干部和知识分子以《邪不压正》中的小昌和《李有才板话》中的小元等为代表,他们起初能够认准阶级敌人,但革命斗争的目的却并不纯粹,仍有为满足私欲私利的落后性。

赵树理的小说,是1942年后毛泽东提出的文艺为工农兵服务这一文艺方针指导下的光辉成就,他立足"问题小说"的意识,创新地采用新评书体的形式,以通俗化、地域化的农村故事书写,真正实现了艺术性与大众性的完美结合,代表了1940年代解放区文学的最高成就。

【思考与讨论】

一、毛泽东的《在延安文艺座谈会上的讲话》是对马克思主义文艺理论的发展,是指导、规范解放区文艺工作者文艺实践的理论纲领。请结合其内容探讨文艺与传统的关系。

二、《王贵与李香香》以王贵和李香香曲折的爱情故事为主要线索,展现了"三边"人民走上革命的历程,歌颂了人民革命的胜利。请探究诗歌中比兴手法运用的作用。

三、赵树理的小说中塑造了独特的农民形象,为新文学人物画廊增添了崭新的翻身农民形象,请结合作品探讨老一代的农民形象。

参考文献

[1] 刘增杰,关爱和.中国近现代文学思潮史[M].上海:上海文艺出版社,2008.

[2] 鲁迅.鲁迅全集[M].北京:人民文学出版社,1981.

[3] 郭沫若.沫若文集[M].北京:人民文学出版社,1959.

[4] 朱自清.中国新文学大系·诗集[M].上海:上海良友图书出版公司,1935.

[5] 戴望舒.望舒草[M].上海:现代书局,1933.

[6] 成仿吾.成仿吾文集[M].济南:山东大学出版社,1985.

[7] 闻一多.闻一多全集[M].武汉:湖北人民出版社,1993.

[8] 郭沫若,宗白华,田寿昌(田汉).三叶集[M].上海:亚东图书馆,1920.

[9] 孙玉石.中国现代诗歌艺术[M].北京:人民文学出版社,1992.

[10] 曹禺.曹禺文集[M].北京:中国戏剧出版社,1988.

[11] 姜涛.中国新诗总论1 1891-1937[M].银川:宁夏人民教育出版社,2019.

[12] 上海文艺出版社.中国新文学大系1927-1937第11集文学理论集一[M].上海:上海文艺出版社,1987.12.

[13] 徐志摩.康桥之恋[M].西安:陕西师范大学出版社,2018.

[14] 徐志摩.我所知道的康桥:徐志摩散文精选集[M].青岛:青岛出版社,2019.

[15] 胡适.胡适精品散文集下[M].南昌:二十一世纪出版

社,2017.

[16] 朱自清.朱自清序跋集[M].苏州:古吴轩出版社,2018.

[17] 茅盾.茅盾选集 第5卷 文论[M].成都:四川文艺出版社,1985.

[18] 茅盾.茅盾论创作[M].上海:上海文艺出版社,1980.

[19] 瞿秋白.多余的话[M].北京:中国友谊出版公司,2014.

[20] 巴金.百年激流巴金回想录[M].海口:南海出版公司,2000.

[21] 巴金.巴金自传[M].南京:江苏文艺出版社,1995.

[22] 楼沪光,孙琇.中国序跋鉴赏辞典[M].石家庄:河北教育出版社,2003.

[23] 肖云儒.中国当代文坛百人[M].西安:陕西人民教育出版社,1998.

[24] 张器友,王宗法.李季研究专集[M].福州:海峡文艺出版社,1986.

[25] 赵树理.赵树理全集 4[M].太原:北岳文艺出版社,2000.